CONTES
FANTASTIQUES

LE DIABLE AMOUREUX
PAR CAZOTTE

LE DÉMON MARIÉ
PAR MACHIAVEL

MERVEILLEUSE HISTOIRE
DE PIERRE SCHLÉMIHL
PAR ADELBERT DE CHAMISSO

PARIS
C. MARPON & E. FLAMMARION
GALERIES DE L'ODÉON, 1 à 7

E. PICARD, ÉDITEUR, 5, PASSAGE DES FAVORITES

CONTES

FANTASTIQUES

*Œuvres authentiques élucidées par des préfaces,
notices, notes, variantes, tables analytiques,
glossaires-index.*

Volumes elzéviriens in–16 (petit in-8)

EN VENTE OU A PARAITRE PROCHAINEMENT

EDITION a 1 Fr. LE VOLUME

Villon. Œuvres complètes . . . . 1 vol.
Caylus (Mᵐᵉ de). Souvenirs . . . . 1 vol.
Contes fantastiques.{ Diable amoureux. .
Démon marié . . . } 1 vol.
Merveilleuse histoire
La princesse de Clèves . . . . 1 vol.
Malherbe. Poésies complètes . . . . 1 vol.
Manon Lescaut . . . . 1 vol.
La Fontaine. Contes et Nouvelles . . . . . 2 vol.
— Fables. . . . . 2 vol.
Daphnis et Chloé . . . . 1 vol.
Restif de la Bretonne :
* Contemporaines mêlées . . . . . . 1 vol.
** — du commun . . . . 1 vol.
*** — par gradation . . . 1 vol.
Regnier. Œuvres complètes . . . . 1 vol.
Rabelais. Œuvres complètes . . . . 7 vol.
Aventures de Til Ulespiègle. . . . . . . 1 vol.
Perrault. Contes. . . . . 1 vol.

EDITION DE LUXE

*Tirages spéciaux avec vignettes en tête de pages, culs-
de lampe, fleurons, etc., sur très beaux papiers.*

Vélin ordinaire. . . . . . . le vol. broché. 2 fr.
Vélin (fil) à la forme. . . . . — 4 fr.
Chine véritable (en étui) . . . — 15 fr.
Reliure en percal, bleu, titre or, non rogné. 50 c. le vol.
Etuis pour vélin fil, titre or. . . . . . 60 c. le vol.

EN PRÉPARATION : plusieurs ouvrages vers et prose.

Paris. — Impr. de Ch. Noblet, 13, rue Cujas.

CONTES
FANTASTIQUES

LE DIABLE AMOUREUX
PAR CAZOTTE

LE DÉMON MARIÉ
PAR MACHIAVEL

MERVEILLEUSE HISTOIRE
DE PIERRE SCHLÉMIHL
PAR ADELBERT DE CHAMISSO

PARIS
C. MARPON & E. FLAMMARION
GALERIES DE L'ODÉON, 1 à 7

E. PICARD, ÉDITEUR, 5, PASSAGE DES FAVORITES

aris. — Impr. de Ch. Noblet, 13, rue Çujas.

LE

DIABLE AMOUREUX

PAR CAZOTTE

J ACQUES CAZOTTE, né à Dijon en 1720, périt sur l'écha-
faut révolutionnaire, à Paris, le 25 septembre 1792. Son
esprit était enclin au merveilleux; il donna dans l'*illuminisme*
et le *martinisme*, et La Harpe put avec quelque vraisemblance
lui attribuer la prophétie relative à la Révolution française qui
a fait tant de bruit.

L'édition la plus complète de ses œuvres est celle de
Paris, Bastien, 1816-17, 4 volumes in-8.

Le Diable amoureux est la plus agréable de ses productions. L'édition originale, *Naples (Paris)*, 1772, in-8, est
ornée de gravures grotesques, et la Préface, sous prétexte
d'expliquer ces gravures, tourne en ridicule le luxe d'*illus-
tration* alors à la mode, et se termine par *un mot* sur l'ouvrage. Voici ce qu'en dit l'auteur :

« Il a été rêvé en une nuit et écrit en un jour : ce n'est
« point, comme à l'ordinaire, un vol fait à l'auteur; il l'a
« écrit pour son plaisir et un peu pour l'édification de ses
« concitoyens, car il est très-moral; le style en est rapide;
« point d'esprit à la mode, point de métaphysique, point
« de science, encore moins de jolies impiétés et de har-
« diesses philosophiques; seulement un petit assassinat
« pour ne pas heurter de front le goût actuel, et voilà tout
« Il semble que l'auteur ait senti qu'un homme qui a la
« tête tournée d'amour est déjà bien à plaindre; mais que
« lorsqu'une jolie femme est amoureuse de lui, le caresse,
« l'obsède, le mène, et veut à toute force s'en faire aimer,
« c'est le diable.

« Beaucoup de Français, qui ne s'en vantent pas, ont été
« dans les grottes faire des évocations, y ont trouvé de vi-
« laines bêtes qui leur criaient *Che vuoi?* et qui, sur leur
« réponse, leur présentaient un petit animal de treize à qua-
« torze ans. Il est joli, on l'emmène; les bains, les habits,
« les modes, les vernis, les maîtres de toute espèce, l'ar-
« gent, les contrats, les maisons, tout est en l'air; l'animal
« devient maître, le maître devient animal. Eh mais pour-
« quoi? C'est que les Français ne sont pas des Espagnols;
« c'est que le diable est bien malin; c'est qu'il n'est pas tou-
« jours si laid qu'on le dit. »

LE

DIABLE AMOUREUX

I.

J'ÉTAIS à vingt-cinq ans capitaine aux gardes du
roi de Naples. Nous vivions beaucoup entre camarades, et comme des jeunes gens, c'est-à-dire,
des femmes, du jeu, tant que la bourse pouvait y
suffire; et nous philosophions dans nos quartiers
quand nous n'avions plus d'autre ressource.

Un soir, après nous être épuisés en raisonne-
ments de toute espèce autour d'un très petit fla-
con de vin de Chypre et de quelques marrons
secs, le discours tomba sur la cabale et les cabalistes.

Un d'entre nous prétendait que c'était une
science réelle, et dont les opérations étaient sûres;
quatre des plus jeunes lui soutenaient que c'était
un amas d'absurdités, une source de friponneries,
propres à tromper les gens crédules et amuser les
enfants. — Le plus âgé d'entre nous, Flamand
d'origine, fumait sa pipe d'un air distrait, et ne
disait mot. Son air froid et sa distraction me faisaient spectacle à travers ce charivari discordant
qui nous étourdissait, et m'empêchait de prendre

part à une conversation trop réglée pour qu'elle eût de l'intérêt pour moi.

Nous étions dans la chambre du fumeur; la nuit s'avançait; on se sépara, et nous demeurâmes seuls, notre ancien et moi.

Il continua de fumer flegmatiquement; je demeurai les coudes appuyés sur la table, sans rien dire. Enfin mon homme rompit le silence.

« Jeune homme, me dit-il, vous venez d'entendre beaucoup de bruit; pourquoi vous êtes-vous tiré de la mêlée? — C'est, lui répondis-je, que j'aime mieux me taire que d'approuver ou blâmer ce que je ne connais pas : je ne sais pas même ce que veut dire le mot *cabale*. — Il a plusieurs significations, me dit-il; mais ce n'est point d'elles dont il s'agit, c'est de la chose. Croyez-vous qu'il puisse exister une science qui enseigne à transformer les métaux et à réduire les esprits sous notre obéissance? — Je ne connais rien des esprits, à commencer par le mien, sinon que je suis sûr de son existence. Quant aux métaux, je sais la valeur d'un carlin au jeu, à l'auberge et ailleurs, et ne peux rien assurer ni nier sur l'essence des uns et des autres, sur les modifications et impressions dont ils sont susceptibles. — Mon jeune camarade, j'aime beaucoup votre ignorance; elle vaut bien la doctrine des autres : au moins vous n'êtes pas dans l'erreur, et, si vous n'êtes pas instruit, vous êtes susceptible de l'être. Votre naturel, la franchise de votre caractère, la droiture de votre esprit, me plaisent. Je sais quelque chose de plus que le commun des hommes : jurez-moi le plus grand secret sur votre parole d'honneur, promettez de vous conduire avec prudence, et vous serez mon écolier. — L'ouverture que vous me faites, mon cher Soberano, m'est très agréable.

La curiosité est ma plus forte passion. Je vous avouerai que naturellement j'ai peu d'empressement pour nos connaissances ordinaires : elles m'ont toujours semblé trop bornées, et j'ai de viné cette sphère élevée dans laquelle vous voulez m'aider à m'élancer. Mais quelle est la première clef de la science dont vous parlez? Selon ce que disaient nos camarades en disputant, ce sont les esprits eux-mêmes qui nous instruisent : peut-on se lier avec eux? — Vous avez dit le mot, Alvare : on n'apprendrait rien de soi-même; quant à la possibilité de nos liaisons, je vais vous en donner une preuve sans réplique. »

Comme il finissait ce mot, il achevait sa pipe; il frappe trois coups pour faire sortir un peu de cendre qui restait au fond, la pose sur la table assez près de moi; il élève la voix : « Calderon, dit-il, venez chercher ma pipe, allumez-la, et rapportez-la-moi. »

Il finissait à peine le commandement, je vois disparaître la pipe; et, avant que j'eusse pu raisonner sur les moyens, ni demander quel était ce Calderon chargé de ses ordres, la pipe allumée était de retour, et mon interlocuteur avait repris son occupation.

Il la continua quelque temps, moins pour savourer le tabac que pour jouir de la surprise qu'il m'occasionnait; puis, se levant, il dit : « Je prends la garde au jour, il faut que je repose. Allez-vous coucher; soyez sage, et nous nous reverrons. »

Je me retirai plein de curiosité et affamé d'idées nouvelles, dont je me promettais de me remplir bientôt par le secours de Soberano. Je le vis le lendemain, les jours ensuite; je n'eus plus d'autre passion; je devins son ombre.

Je lui faisais mille questions; il éludait les unes

et répondait aux autres d'un ton d'oracle. Enfin je le pressai sur l'article de la religion de ses parents. « C'est, me répondit-il, la religion naturelle. »

Nous entrâmes dans quelques détails; ses décisions cadraient plus avec mes penchants qu'avec mes principes; mais je voulais venir à mon but et ne devais pas le contrarier.

« Vous commandez aux esprits, lui disais-je; je veux, comme vous, être en commerce avec eux; je le veux, je le veux! — Vous êtes vif, camarade! vous n'avez pas subi votre temps d'épreuve; vous n'avez rempli aucune des condition sous lesquelles on peut aborder sans crainte cette sublime catégorie... — Et me faut-il bien du temps? — Peut-être bien deux ans. — J'abandonne ce projet, m'écriai-je : je mourrais d'impatience dans l'intervalle. Vous êtes cruel, Soberano. Vous ne pouvez concevoir la vivacité du désir que vous avez créé dans moi : il me brûle... — Jeune homme, je vous croyais plus de prudence; vous me faites trembler pour vous et pour moi. Quoi! vous vous exposeriez à évoquer des esprits sans aucune des préparations... — Eh! que pourrait-il m'en arriver?
— Je ne dis pas qu'il dût absolument vous en arriver du mal : s'ils ont du pouvoir sur nous, c'est notre faiblesse, notre pusillanimité qui le leur donne; dans le fond, nous sommes nés pour les commander. — Ah! je les commanderai! — Oui, vous avez le cœur chaud; mais si vous perdez la tête, s'ils vous effraient à certain point...
— S'il ne tient qu'à ne pas les craindre, je les mets au pis pour m'effrayer. — Quoi! quand vous verriez le Diable? — Je tirerais les oreilles au grand Diable d'enfer. — Bravo! si vous êtes si sûr de vous, vous pouvez vous risquer, et je vous

promets mon assistance. Vendredi prochain, je
vous donne à dîner avec deux des nôtres, et
nous mettrons l'aventure à fin. »

II.

Nous n'étions qu'à mardi; jamais rendez-vous
galant ne fut attendu avec tant d'impatience.
Le terme arrive enfin; je trouve chez mon camarade deux hommes d'une physionomie peu pré-
venante; nous dînons. La conversation roule sur
des choses indifférentes.

Après dîner, on propose une promenade à pied
vers les ruines de Portici. Nous sommes en route,
nous arrivons. Ces restes des monuments les plus
augustes, écroulés, brisés, épars, couverts de
ronces, portent à mon imagination des idées qui
ne m'étaient pas ordinaires. « Voilà, disais-je, le
pouvoir du temps sur les ouvrages de l'orgueil et
de l'industrie des hommes. » Nous avançons dans
les ruines, et enfin nous sommes parvenus, presque
à tâtons, à travers ces débris, dans un lieu si
obscur, qu'aucune lumière extérieure n'y pouvait
pénétrer.

Mon camarade me conduisait par le bras; il
cesse de marcher, et je m'arrête. Alors un de la
compagnie bat le fusil et allume une bougie. Le
séjour où nous étions s'éclaire, quoique faiblement, et je découvre que nous sommes sous une
voûte assez bien conservée de vingt-cinq pieds en
carré à peu près, et ayant quatre issues.

Nous observions le plus parfait silence. Mon
camarade, à l'aide d'un roseau qui lui servait d'ap-

pui dans sa marche, trace un cercle autour de lui sur le sable léger dont le terrain était couvert, et en sort après y avoir dessiné quelques caractères. « Entrez dans ce penthacle, mon brave, me dit-il, et n'en sortez qu'à bonnes enseignes. — Expliquez-vous mieux ; à quelles enseignes en dois-je sortir ? — Quand tout vous sera soumis ; mais avant ce temps, si la frayeur vous faisait faire une fausse démarche, vous pourriez courir les risques les plus grands. »

Alors il me donne une formule d'évocation courte, pressante, mêlée de quelques mots que je n'oublierai jamais.

« Récitez, me dit-il, cette conjuration avec fermeté, et appelez ensuite trois fois clairement Béelzébuth, et surtout n'oubliez pas ce que vous avez promis de faire. »

Je me rappelai que je m'étais vanté de lui tirer les oreilles. « Je tiendrai parole, lui dis-je, ne voulant pas en avoir le démenti. — Nous vous souhaitons bien du succcès, me dit-il ; quand vous aurez fini, vous nous avertirez. Vous êtes directement vis-à-vis de la porte par laquelle vous devez sortir pour nous rejoindre. » Ils se retirent.

Jamais fanfaron ne se trouva dans une crise plus délicate. Je fus au moment de les rappeler ; mais il y avait trop à rougir pour moi ; c'était d'ailleurs renoncer à toutes mes espérances. Je me raffermis sur la place où j'étais, et tins un moment conseil.

On a voulu m'effrayer, dis-je ; on veut voir si je suis pusillanime. Les gens qui m'éprouvent sont à deux pas d'ici, et à la suite de mon évocation je dois m'attendre à quelque tentative de leur part pour m'épouvanter. Tenons bon ; tournons la raillerie contre les mauvais plaisants.

Cette délibération fut assez courte, quoiqu'un peu troublée par le ramage des hiboux et des chats-huants qui habitaient les environs, et même l'intérieur de ma caverne.

Un peu rassuré par mes réflexións, je me ras-seois sur mes reins, je me piète; je prononce l'évocation d'une voix claire et soutenue; et, en grossissant le son, j'appelle, à trois reprises et à très courts intervalles, Béelzébuth.

Un frisson courait dans toutes mes veines, et mes cheveux se hérissaient sur ma tête.

A peine avais-je fini, une fenêtre s'ouvre à deux battants vis-à-vis de moi, au haut de la voûte; un torrent de lumière plus éblouissante que celle du jour fond par cette ouverture; une tête de cha-meau horrible, autant par sa grosseur que par sa forme, se présente à la fenêtre; surtout elle avait des oreilles démesurées. L'odieux fantôme ouvre la gueule, et, d'un ton assorti au reste de l'appa-rition, me répond : *Che vuoi?*

Toutes les voûtes, tous les caveaux des envi-rons, retentissent à l'envi du terrible *Che vuoi?*

Je ne saurais peindre ma situation; je ne sau-rais dire qui soutint mon courage et m'empêcha de tomber en défaillance à l'aspect de ce tableau, au bruit plus effrayant encore qui retentissait à mes oreilles.

Je sentis la nécessité de rappeler mes forces, une sueur froide allait les dissiper; je fis un effort sur moi.

Il faut que notre âme soit bien vaste et ait un prodigieux ressort : une multitude de sentiments, d'idées, de réflexions, touchent mon cœur, pas-sent dans mon esprit, et font leur impression toutes à la fois.

La révolution s'opère, je me rends maître de ma terreur, je fixe hardiment le spectre.

« Que prétends-tu toi-même, téméraire, en te montrant sous cette forme hideuse ? »

Le fantôme balance un moment.

« Tu m'as demandé, dit-il d'un ton de voix plus bas. — L'esclave, lui dis-je, cherche-t-il à effrayer son maître ? Si tu viens recevoir mes ordres, prends une forme convenable et un ton soumis. — Maître, me dit le fantôme, sous quelle forme me présenterai-je pour vous être agréable? »

La première idée qui me vint à la tête étant celle d'un chien : « Viens, lui dis-je, sous la figure d'un épagneul. »

A peine avais-je donné l'ordre, l'épouvantable chameau allonge le col de seize pieds de longueur, baisse la tête jusqu'au milieu du salon, et vomit un épagneul blanc à soies fines et brillantes, les oreilles traînantes jusqu'à terre.

La fenêtre s'est refermée, toute autre vision a disparu, et il ne reste sous la voûte, suffisamment éclairée, que le chien et moi.

Il tournait autour du cercle en remuant la queue et faisant des courbettes.

« Maître, me dit-il, je voudrais bien vous lécher l'extrémité des pieds; mais le cercle redoutable qui vous environne me repousse. »

Ma confiance était montée jusqu'à l'audace. Je sors du cercle, je tends le pied : le chien le lèche. Je fais un mouvement pour lui tirer les oreilles : il se couche sur le dos comme pour me demander grâce. Je vis que c'était une petite femelle.

« Lève-toi, lui dis-je, je te pardonne. Tu vois que j'ai compagnie; ces messieurs attendent à quelque distance d'ici; la promenade a dû les altérer : je veux leur donner une collation. Il faut des

fruits, des conserves, des glaces., des vins de
Grèce : que cela soit bien entendu ; éclaire et dé-
core la salle sans faste, mais proprement. Vers la
fin de la collation tu viendras en virtuose du premier talent, et tu porteras une harpe ; je t'aver-
tirai quand tu devras paraître. Prends garde à bien
jouer ton rôle ; mets de l'expression dans ton chant,
de la décence dans ton maintien... — J'obéirai,
maître, mais sous quelle condition ? — Sous celle
d'obéir, esclave. Obéis sans réplique, ou..! —
Vous ne me connaissez pas, maître ; vous me trai-
teriez avec moins de rigueur : j'y mettrais peut-
être l'unique condition de vous désarmer et de
vous plaire. »

Le chien avait à peine fini, qu'en tournant sur
le talon je vois mes ordres s'exécuter plus promptement qu'une décoration ne s'élève à l'Opéra.
Les murs de la voûte, ci-devant noirs, humides,
couverts de mousse, prenaient une teinte douce,
des formes agréables : c'était un salon de marbre
jaspé. L'architecture présentait un cintre soutenu
par des colonnes. Huit girandoles de cristaux,
contenant chacune trois bougies, y répandaient
une lumière vive, également distribuée.

III.

Un moment après, la table et le buffet s'ar-
rangent, se chargent de tous les apprêts de
notre régal. Les fruits et les confitures étaient de
l'espèce la plus rare, la plus savoureuse, et de la
plus belle apparence. La porcelaine employée au
service et sur le buffet était du Japon. La petite

chienne faisait mille tours dans la salle, mille
courbettes autour de moi, comme pour hâter le
travail et me demander si j'étais satisfait.

« Fort bien, Biondetta, lui dis-je; prenez un
habit de livrée, et allez dire à ces messieurs qui
sont près d'ici que je les attends, et qu'ils sont
servis. »

A peine avais-je détourné un instant mes regards,
je vois sortir un page à ma livrée, lestement vêtu,
tenant un flambeau allumé; peu après il revint
conduisant sur ses pas mon camarade le Flamand
et ses deux amis.

Préparés à quelque chose d'extraordinaire par
l'arrivée et le compliment du page, ils ne l'étaient
pas au changement qui s'était fait dans l'endroit
où ils m'avaient laissé. Si je n'eusse pas eu la
tête occupée, je me serais plus amusé de leur
surprise; elle éclata par leur cri, se manifesta par
l'altération de leurs traits et par leurs attitudes.

« Messieurs, leur dis-je, vous avez fait beaucoup
de chemin pour l'amour de moi, il nous en reste
à faire pour regagner Naples : j'ai pensé que ce
petit régal ne vous désobligerait pas, et que vous
voudriez bien excuser le peu de choix et le défaut
d'abondance en faveur de l'impromptu. »

Mon aisance les déconcerta plus encore que le
changement de la scène et la vue de l'élégante
collation à laquelle ils se voyaient invités. Je m'en
aperçus, et résolus de terminer bientôt une aventure dont intérieurement je me défiais. Je voulus
en tirer tout le parti possible, en forçant même la
gaieté qui fait le fond de mon caractère.

Je les pressai de se mettre à table; le page
avançait des siéges avec une promptitude merveilleuse. Nous étions assis; j'avais rempli les
verres, distribué des fruits. Ma bouche seule s'ou-

vrait pour parler et manger ; les autres restaient
béantes. Cependant je les engageai à entamer les
fruits ; ma confiance les détermina. Je porte la
santé de la plus jolie courtisane de Naples : nous
la buvons. Je parle d'un opéra nouveau, d'une
improvisatrice romaine arrivée depuis peu, et dont
les talents font du bruit à la cour. Je reviens sur
les talents agréables, la musique, la sculpture ; et
par occasion je les fais convenir de la beauté de
quelques marbres qui font l'ornement du salon.

Une bouteille se vide, et est remplacée par une
meilleure. Le page se multiplie, et le service ne
languit pas un instant. Je jette l'œil sur lui à la
dérobée : figurez-vous l'Amour en trousse de
page ; mes compagnons d'aventure le lorgnaient
de leur côté d'un air où se peignaient la surprise,
le plaisir et l'inquiétude. La monotonie de cette
situation me déplut ; je vis qu'il était temps de la
rompre. « Biondetto, dis-je au page, la signora
Fiorentina m'a promis de me donner un instant :
voyez si elle ne serait point arrivée. » Biondetto
sort de l'appartement.

Mes hôtes n'avaient point encore eu le temps
de s'étonner de la bizarrerie du message, qu'une
porte du salon s'ouvre, et Fiorentina entre tenant
sa harpe. Elle était dans un déshabillé étoffé et
modeste ; un chapeau de voyage et un crêpe très-
clair sur les yeux. Elle pose sa harpe à côté
d'elle, salue avec aisance, avec grâce. « Seigneur
don Alvare, dit-elle, je n'étais pas prévenue que
vous eussiez compagnie : je ne me serais point
présentée vêtue comme je suis ; ces messieurs
voudront bien excuser une voyageuse. »

Elle s'assied, et nous lui offrons à l'envi les reliefs de notre petit festin, auxquels elle touche
par complaisance.

« Quoi ! madame, lui dis-je, vous ne faites que
passer par Naples ? on ne saurait vous y retenir :
— Un engagement déjà ancien m'y force, seigneur : on a eu des bontés pour moi à Venise
au carnaval dernier ; on m'a fait promettre de revenir, et j'ai touché des arrhes ; sans cela, je n'aurais pu me refuser aux avantages que m'offrait ici
la cour, et à l'espoir de mériter les suffrages de
la noblesse napolitaine, distinguée par son goût
au-dessus de toute celle d'Italie. »

Les deux Napolitains se courbent pour répondre
à l'éloge, saisis par la vérité de la scène au point
de se frotter les yeux Je pressai la virtuose de
nous faire entendre un échantillon de son talent.
Elle était enrhumée, fatiguée ; elle craignait avec
justice de déchoir dans notre opinion. Enfin, elle
se détermina à exécuter un récitatif obligé et une
ariette pathétique qui terminaient le troisième
acte de l'opéra dans lequel elle devait débuter.

Elle prend sa harpe, prélude, avec une petite
main longuette, potelée, tout à la fois blanche et
purpurine, dont les doigts, insensiblement arrondis
par le bout, étaient terminés par un ongle dont la
forme et la grâce étaient inconcevables. Nous
étions tous surpris ; nous croyions être au plus
délicieux concert.

La dame chante. On n'a pas, avec plus de gosier, plus d'âme, plus d'expression ; on ne saurait
rendre plus, en chargeant moins. J'étais ému
jusqu'au fond du cœur ; et j'oubliais presque que
j'étais le créateur du charme qui me ravissait.

La cantatrice m'adressait les expressions tendres
de son récit et de son chant. Le feu de ses regards perçait à travers le voile ; il était d'un pénétrant, d'une douceur inconcevables. Ces yeux ne
m'étaient pas inconnus. Enfin, en assemblant les

traits tels que le voile me les laissait apercevoir,
je reconnus dans Fiorentina le fripon de Biondetto; mais l'élégance, l'avantage de la taille, se
faisaient beaucoup plus remarquer sous l'ajustement de femme que sous l'habit de page.

Quand la cantatrice eut fini de chanter, nous
lui donnâmes de justes éloges. Je voulus l'engager
à nous exécuter une ariette pour nous donner lieu
d'admirer la diversité de ses talents.

« Non, répondit-elle : je m'en acquitterais mal
dans la disposition d'âme où je suis; d'ailleurs,
vous avez dû vous apercevoir de l'effort que j'ai
fait pour vous obéir. Ma voix se ressent du
voyage; elle est voilée. Vous êtes prévenus que
je pars cette nuit. C'est un cocher de louage qui
m'a conduite. Je suis à vos ordres; je vous demande en grâce d'agréer mes excuses, et de me permettre de me retirer. » En disant cela elle se lève,
veut emporter sa harpe. Je la lui prends des
mains, et, après l'avoir reconduite jusqu'à la porte
par laquelle elle s'était introduite, je rejoins la
compagnie.

Je devais avoir inspiré de la gaîté, et je voyais
de la contrainte dans les regards : j'eus recours
au vin de Chypre. Je l'avais trouvé délicieux; il
m'avait rendu mes forces, ma présence d'esprit;
je doublai la dose. Comme l'heure s'avançait, je
dis à mon page, qui s'était remis à son poste derrière mon siége, d'aller faire avancer ma voiture.
Biondetto sort sur-le-champ, va remplir mes ordres. « Vous avez ici un équipage? me dit Soberano. — Oui, répliquai-je, je me suis fait suivre,
et j'ai imaginé que, si notre partie se prolongeait,
vous ne seriez pas fâchés d'en revenir commodément. Buvons encore un coup, nous ne courrons
pas les risques de faire de faux pas en chemin. »

Ma phrase n'était pas achevée, que le page rentre suivi de deux grands estafiers bien tournés, superbement vêtus à ma livrée. « Seigneur don Alvare, me dit Biondetto, je n'ai pu faire approcher votre voiture ; elle est au delà, mais tout auprès des débris dont ces lieux-ci sont entourés. » Nous nous levons ; Biondetto et les estafiers nous précèdent ; on marche.

Comme nous ne pouvions pas aller quatre de front entre des bases et des colonnes brisées, Soberano, qui se trouvait seul à côté de moi, me serra la main. « Vous nous donnez un beau régal, ami ; il vous coûtera cher. — Ami, répliquai-je, je suis très-heureux s'il vous fait plaisir ; je vous le donne pour ce qu'il me coûte. »

Nous arrivons à la voiture ; nous trouvons deux autres estafiers, un cocher, un postillon, une voiture de campagne à mes ordres, aussi commode qu'on eût pu la désirer. J'en fais les honneurs, et nous prenons légèrement le chemin de Naples.

IV.

Nous gardâmes quelque temps le silence ; enfin un des amis de Soberano le rompt. « Je ne vous demande point votre secret, Alvare ; mais il faut que vous ayez fait des conventions singulières : jamais personne ne fut servi comme vous l'êtes ; et depuis quarante ans que je travaille, je n'ai pas obtenu le quart des complaisances que l'on vient d'avoir pour vous dans une soirée. Je ne parle pas de la plus céleste vision qu'il soit possible d'avoir, tandis que l'on afflige

nos yeux plus souvent que l'on ne songe à les
réjouir. Enfin, vous savez vos affaires; vous êtes
jeune : à votre âge on désire trop pour se laisser
le temps de réfléchir, et on précipite ses jouis-
ances. »

Bernadillo, c'est le nom de cet homme, s'é-
coutait en parlant, et me donnait le temps de
penser à ma réponse.

« J'ignore, lui répliquai-je, par où j'ai pu m'attirer des faveurs distinguées; j'augure qu'elles seront très-courtes, et ma consolation sera de les
avoir toutes partagées avec de bons amis. » On
vit que je me tenais sur la réserve, et la conversation tomba.

Cependant le silence amena la réflexion : je me
rappelai ce que j'avais fait et vu; je comparai les
discours de Soberano et de Bernadillo, et conclus
que je venais de sortir du plus mauvais pas dans
lequel une curiosité vaine et la témérité eussent
jamais engagé un homme de ma sorte. Je ne
manquais pas d'instruction : j'avais été élevé jusqu'à treize ans sous les yeux de don Bernardo
Maravillas, mon père, gentilhomme sans reproche, et par dona Mencia, ma mère, la femme la
plus religieuse, la plus respectable qui fût dans
l'Estramadure. « O ma mère ! disais-je, que pen-
seriez-vous de votre fils si vous l'aviez vu, si vous
le voyiez encore? Mais ceci ne durera pas, je m'en
donne parole. »

Cependant la voiture arrivait à Naples. Je reconduisis chez eux les amis de Soberano. Lui et
moi revînmes à notre quartier. Le brillant de mon
équipage éblouit un peu la garde devant laquelle
nous passâmes en revue; mais les grâces de Biondetto, qui était sur le devant du carrosse, frappèrent encore davantage les spectateurs.

Le page congédie la voiture et la livrée, prend un flambeau de la main des estafiers, et traverse les casernes pour me conduire à mon appartement. Mon valet de chambre, encore plus étonné que les autres, voulait parler pour me demander des nouvelles du nouveau train dont je venais de faire la montre. « C'en est assez, Carle, lui dis-je en entrant dans mon appartement ; je n'ai pas besoin de vous. Allez vous reposer ; je vous parlerai demain. »

Nous sommes seuls dans ma chambre, et Biondetto a fermé la porte sur nous ; ma situation était moins embarrassante au milieu de la compagnie dont je venais de me séparer, et de l'endroit tumultueux que je venais de traverser.

Voulant terminer l'aventure, je me recueillis un instant ; je jette les yeux sur le page : les siens sont fixés vers la terre ; une rougeur lui monte sensiblement au visage ; sa contenance décèle de l'embarras et beaucoup d'émotion. Enfin je prends sur moi de lui parler.

« Biondetto, vous m'avez bien servi, vous avez même mis des grâces à ce que vous avez fait pour moi ; mais comme vous aviez été payé d'avance, je pense que nous sommes quittes. — Don Alvare est trop noble pour croire qu'il ait pu s'acquitter à ce prix. — Si vous avez fait plus que vous ne devez, si je vous dois de reste, donnez votre compte ; mais je ne vous réponds pas que vous soyez payé promptement. Le quartier courant est mangé ; je dois au jeu, à l'auberge, au tailleur... — Vous plaisantez hors de propos. — Si je quitte le ton de plaisanterie, ce sera pour vous prier de vous retirer, car il est tard, et il faut que je me couche. — Et vous me renverriez incivilement à l'heure qu'il est ? Je n'ai pas dû m'attendre à ce

traitement de la part d'un cavalier espagnol. Vos
amis savent que je suis venue ici; vos sol-
dats, vos gens m'ont vue et ont deviné mon sexe.
Si j'étais une vile courtisane, vous auriez quelque
égard pour les bienséances de mon état; mais
votre procédé pour moi est flétrissant, ignomi-
nieux; il n'est pas de femme qui n'en fût humi-
liée. — Il vous plaît donc à présent d'être femme
pour vous concilier des égards? Eh bien! pour
sauver le scandale de votre retraite, ayez pour
vous le ménagement de la faire par le trou de la
serrure. — Quoi! sérieusement, sans savoir qui
je suis .. — Puis-je l'ignorer? — Vous l'ignorez,
vous dis-je; vous n'écoutez que vos préventions.
Mais, qui que je sois, je suis à vos pieds, les
larmes aux yeux; c'est à titre de client que je
vous implore. Une imprudence, excusable peut-
être, puisque vous en êtes l'objet, m'a fait aujour-
d'hui tout braver, tout sacrifier pour vous obéir,
me donner à vous et vous suivre. J'ai révolté
contre moi les passions les plus cruelles, les plus
implacables; il ne me reste de protection que la
vôtre, d'asile que votre chambre : me la fermerez-
vous, Alvare? Sera-t-il dit qu'un cavalier espagnol
aura traité avec cette rigueur, cette indignité,
quelqu'un qui a sacrifié pour lui une âme sensible,
un être faible, dénué de tout autre secours que
le sien; en un mot, une personne de mon sexe? »

Je me reculais autant qu'il m'était possible,
pour me tirer d'embarras; mais elle embrassait
mes genoux, et me suivait sur les siens. Enfin, je
suis rangé contre le mur. « Relevez-vous, lui
dis-je; vous venez, sans y penser, de me prendre
par mon serment. » Quand ma mère me donna
ma première épée, elle me fit jurer sur la garde
de servir toute ma vie les femmes, et de n'en pas

désobliger une seule, quand ce serait ce que je
pense que c'est aujourd'hui... — Eh bien ! cruel,
à quel titre que ce soit, permettez-moi de rester
dans votre chambre. — Je le veux pour la rareté
du fait, et mettre le comble à la bizarrerie de mon
aventure. Cherchez à vous arranger de manière à
ce que je ne vous voie ni ne vous entende ; au premier mot, au premier mouvement capables de
me donner de l'inquiétude, je grossis le son de ma
voix pour vous demander, à mon tour, *Che vuoi?* »

Je lui tourne le dos, et m'approche de mon lit
pour me déshabiller. « Vous aiderai-je ? me dit-on.
— Non, je suis militaire et me sers moi-même. »
Je me couche.

V.

A travers la gaze de mon rideau, je vois le prétendu page arranger dans le coin de ma chambre
une natte usée qu'il a trouvée dans une garde-
robe. Il s'assied dessus, se déshabille entièrement,
s'enveloppe d'un de mes manteaux qui était sur
un siège, éteint la lumière, et la scène finit là pour
le moment ; mais elle recommença bientôt dans
mon lit, où je ne pouvais trouver le sommeil.

Il semblait que le portrait du page fût attaché
au ciel du lit et aux quatre colonnes ; je ne voyais
que lui. Je m'efforçais en vain de lier avec cet
objet ravissant l'idée du fantôme épouvantable
que j'avais vu ; la première apparition servait à
relever le charme de la dernière.

Ce chant mélodieux, que j'avais entendu sous

la voûte, ce son de voix ravissant, ce parler qui semblait venir du cœur, retentissait encore dans le mien, et y excitait un frémissement singulier.

« Ah ! Biondetta ! disais-je, si vous n'étiez pas un être fantastique, si vous n'étiez pas ce vilain dromadaire !...

« Mais à quel mouvement me laissai-je emporter ? J'ai triomphé de la frayeur, déracinons un sentiment plus dangereux. Quelle douceur puis-je en attendre ? Ne tiendrait-il pas toujours de son origine ?

« Le feu de ses regards si touchants, si doux, est un cruel poison. Cette bouche si bien formée, si colorée, si fraîche, et en apparence si naïve, ne s'ouvre que pour des impostures. Ce cœur, si c'en était un, ne s'échaufferait que pour une trahison. »

Pendant que je m'abandonnais aux réflexions occasionnées par les mouvements divers dont j'étais agité, la lune, parvenue au haut de l'hémisphère et dans un ciel sans nuages, dardait tous ses rayons dans ma chambre à travers trois grandes croisées.

Je faisais des mouvements prodigieux dans mon lit ; il n'était pas neuf : le bois s'écarte, et les trois planches qui soutenaient mon sommier tombent avec fracas.

Biondetta se lève, accourt à moi avec le ton de la frayeur. « Don Alvare, quel malheur vient de vous arriver ? »

Comme je ne la perdais pas de vue, malgré mon accident, je la vis se lever, accourir ; sa chemise était une chemise de page, et, au passage, la lumière de la lune, ayant frappé sur sa cuisse, avait paru gagner au reflet.

Fort peu ému du mauvais état de mon lit, qui

ne m'exposait qu'à être un peu plus mal couché,
je le fus bien davantage de me trouver serré dans
les bras de Biondetta.

« Il ne m'est rien arrivé, lui dis-je, retirez-vous;
vous courez sur le carreau sans pantoufles, vous
allez vous enrhumer, retirez-vous.... — Mais vous
êtes mal à votre aise. — Oui, vous m'y mettez ac-
tuellement; retirez-vous, ou, puisque vous voulez
être couchée chez moi et près de moi, je vous or-
donnerai d'aller dormir dans cette toile d'araignée
qui est à l'encoignure de ma chambre. » Elle n'at-
tendit pas la fin de la menace, et alla se coucher
sur sa natte, en sanglotant tout bas.

La nuit s'achève, et la fatigue, prenant le dessus, me procure quelques moments de sommeil.
Je ne m'éveillai qu'au jour. On devine la route
que prirent mes premiers regards. Je cherchai des
yeux mon page.

Il était assis tout vêtu, à la réserve de son
pourpoint, sur un petit tabouret; il avait étalé ses
cheveux, qui tombaient jusqu'à terre, en couvrant,
à boucles flottantes et naturelles, son dos et ses
épaules, et même entièrement son visage.

Ne pouvant faire mieux, il démêlait sa chevelure
avec ses doigts. Jamais peigne de plus bel ivoire
ne se promena dans une plus épaisse forêt de
cheveux blond-cendré; leur finesse était égale à
toutes les autres perfections. Un petit mouvement que j'avais fait ayant annoncé mon réveil,
elle écarte avec ses doigts les boucles qui lui om-
brageaient le visage. Figurez-vous l'aurore au
printemps, sortant d'entre les vapeurs du matin
avec sa rosée, ses fraîcheurs et tous ses parfums.

« Biondetta, lui dis-je, prenez un peigne; il y
en a dans le tiroir de ce bureau. » Elle obéit.
Bientôt, à l'aide d'un ruban, ses cheveux sont rat-

tachés sur sa tête avec autant d'adresse que d'élégance. Elle prend son pourpoint, met le comble à son ajustement, et s'assied sur son siège d'un air timide, embarrassé, inquiet, qui sollicitait vivement la compassion.

S'il faut, me disais-je, que je voie dans la journée mille tableaux plus piquants les uns que les autres, assurément je n'y tiendrai pas : amenons le dénoûment, s'il est possible.

Je lui adresse la parole.

« Le jour est venu, Biondetta; les bienséances sont remplies : vous pouvez sortir de ma chambre sans craindre le ridicule.— Je suis, me répondit-elle, maintenant, au dessus de cette frayeur; mais vos intérêts et les miens m'en inspirent une beaucoup plus fondée : ils ne permettent pas que nous nous séparions.— Vous vous expliquerez? dis-je. — Je vais le faire, Alvare.

« Votre jeunesse, votre imprudence, vous ferment les yeux sur les périls que nous avons rassemblés autour de nous A peine vous vis-je sous la voûte, que cette contenance héroïque à l'aspect de la plus hideuse apparition décida mon penchant. Si, me dis-je à moi-même, pour parvenir au bonheur, je dois m'unir à un mortel, prenons un corps, il en est temps : voilà le héros digne de moi. Dussent s'en indigner les méprisables rivaux dont je lui fais le sacrifice; dussé-je me voir exposée à leur ressentiment, à leur vengeance, que m'importe ? Aimée d'Alvare, unie avec Alvare, eux et la nature nous seront soumis. Vous avez vu la suite; voici les conséquences.

« L'envie, la jalousie, le dépit, la rage, me préparent les châtiments les plus cruels auxquels puisse être soumis un être de mon espèce dégradé par son choix, et vous seul pouvez m'en

garantir. A peine est-il jour, et déjà les délateurs
sont en chemin pour vous déférer, comme nécro-
mancien, à ce tribunal que vous connaissez. Dans
une heure... — Arrêtez, m'écriai-je en me met-
tant les poings fermés sur les yeux ; vous êtes le
plus adroit, le plus insigne des faussaires. Vous
parlez d'amour, vous en présentez l'image, vous
en empoisonnez l'idée ; je vous défends de m'en
dire un mot. Laissez-moi me calmer assez, si je
puis, pour devenir capable de prendre une résolution.

« S'il faut que je tombe entre les mains du tribunal, je ne balance pas, pour ce moment-ci,
entre vous et lui ; mais si vous m'aidez à me tirer
d'ici, à quoi m'engagerai-je ? Puis-je me séparer
de vous quand je le voudrai ? Je vous somme de
me répondre avec clarté et précision — Pour
vous séparer de moi, Alvare, il suffira d'un acte
de votre volonté. J'ai même regret que ma sou-
mission soit forcée. Si vous méconnaissez mon
zèle par la suite, vous serez imprudent, ingrat...
— Je ne crois rien, sinon qu'il faut que je parte.
Je vais éveiller mon valet de chambre ; il faut qu'il
me trouve de l'argent, qu'il aille à la poste. Je me
rendrai à Venise près de Bentinelli, banquier de
ma mère. — Il vous faut de l'argent ? Heureusement je m'en suis précautionnée ; j'en ai à votre
service. — Gardez-le. Si vous étiez une femme,
en l'acceptant je ferais une bassesse... — Ce n'est
pas un don, c'est un prêt que je vous propose.
Donnez-moi un mandement sur le banquier ; faites
un état de ce que vous devez ici. Laissez sur votre
bureau un ordre à Carle pour payer. Disculpez-
vous par lettre auprès de votre commandant
sur une affaire indispensable qui vous force à
partir sans congé. J'irai à la poste vous chercher

une voiture et des chevaux; mais auparavant, Alvare, forcée à m'écarter de vous, je retombe dans toutes mes frayeurs; dites : « Esprit qui ne t'es lié à un corps que pour moi, et pour moi seul, j'accepte ton vasselage et t'accorde ma protection. »

En me prescrivant cette formule, elle s'était jetée à mes genoux, me tenait la main, la pressait, la mouillait de larmes.

J'étais hors de moi, ne sachant quel parti prendre; je lui laisse ma main, qu'elle baise, et je balbutie les mots qui lui semblaient si importants. A peine ai-je fini qu'elle se relève. « Je suis à vous, s'écrie-t-elle avec transport; je pourrai devenir la plus heureuse de toutes les créatures. »

En un moment elle s'affuble d'un long manteau, rabat un grand chapeau sur ses yeux, et sort de ma chambre.

J'étais dans une sorte de stupidité. Je trouve un état de mes dettes. Je mets au bas l'ordre à Carle de le payer; je compte l'argent nécessaire; j'écris au commandant, à un de mes plus intimes, des lettres qu'ils durent trouver très-extraordinaires. Déjà la voiture et le fouet du postillon se faisaient entendre à la porte.

Biondetta, toujours le nez dans son manteau, revient et m'entraîne. Carle, éveillé par le bruit, paraît en chemise. « Allez, lui dis-je, à mon bureau, vous y trouverez mes ordes. » Je monte en voiture; je pars.

VI.

BIONDETTA était entrée avec. moi dans la voiture; elle était sur le devant. Quand nous
fûmes sortis de la ville, elle ôta le chapeau qui la
tenait à l'ombre. Ses cheveux étaient renfermés
dans un filet cramoisi; on n'en voyait que la
pointe : c'étaient des perles dans un corail. Son
visage, dépouillé de tout autre ornement, brillait
de ses seules perfections. On croyait voir un trans-
parent sur son. teint. On ne pouvait concevoir
comment la douceur, la candeur, la naïveté, pouvaient. s'allier au caractère de finesse qui brillait
dans ses regards.

Je me surpris faisant malgré moi ces remar-
ques, et, les jugeant dangereuses pour mon repos,
je fermai les yeux pour essayer de dormir.

Ma tentative ne fut pas vaine : le sommeil s'em-
para de mes sens et m'offrit les rêves les plus
agréables, les plus propres à délasser mon âme
des idées effrayantes et bizarres dont elle avait été
fatiguée. Il fut d'ailleurs très-long, et ma mère,
par la suite, réfléchissant un jour sur mes aventures, prétendit que cet assoupissement n'avait
pas été naturel. Enfin, quand je m'éveillai, j'étais
sur les bords du canal sur lequel on s'embarque
pour aller à Venise. La nuit était avancée. Je me
sens tirer par ma manche : c'était un portefaix; il
voulait se charger de mes ballots. Je n'avais pas
même un bonnet de nuit.

Biondetta se présenta à une autre portière pour
me dire que le bâtiment qui devait me conduire

était prêt. Je descends machinalement, j'entre dans la felouque et retombe dans ma léthargie.

Que dirai-je? Le lendemain matin je me trouvai logé sur la place Saint-Marc, dans le plus bel appartement de la meilleure auberge de Venise. Je le connaissais; je le reconnus sur-le-champ. Je vois du linge, une robe de chambre assez riche auprès de mon lit. Je soupçonnai que ce pouvait être une attention de l'hôte chez qui j'étais arrivé dénué de tout.

Je me lève et regarde si je suis le seul objet vivant qui soit dans la chambre; je cherchais Biondetta.

Honteux de ce premier mouvement, je rendis grâce à ma bonne fortune. Cet esprit et moi ne sommes donc pas inséparables: j'en suis délivré; et, après mon imprudence, si je ne perds que ma compagnie aux gardes, je dois m'estimer très-heureux.

« Courage, Alvare, continuai-je : il y a d'autres cours, d'autres souverains que celui de Naples. Ceci doit te corriger, si tu n'es pas incorrigible, et tu te conduiras mieux. Si on refuse tes services, une mère tendre, l'Estramadure et un patrimoine honnête te tendent les bras.

« Mais que te voulait ce lutin, qui ne t'a pas quitté depuis vingt-quatre heures? Il avait pris une figure bien séduisante! Il m'a donné de l'argent, je veux le lui rendre... » Comme je parlais encore, je vois arriver mon créancier; il m'amenait deux domestiques et deux gondoliers.

« Il faut, dit-il, que vous soyez servi, en attendant l'arrivée de Carle. On m'a répondu dans l'auberge de l'intelligence et de la fidélité de ces gens-ci, et voici les plus hardis patrons de la république — Je suis content de votre choix, Bion-

detta, lui dis-je. Vous êtes-vous logé ici? — J'ai
pris, répondit le page les yeux baissés, dans l'ap
partement même de Votre Excellence, la pièce la
plus éloignée de celle que vous occupez, pour
vous causer le moins d'embarras qu'il sera possible. »

Je trouvai du ménagement, de la délicatesse,
dans cette attention à mettre de l'espace entre
elle et moi. Je lui en sus gré.

« Au pis aller, disais-je, je ne saurais la chasser
du vague de l'air, s'il lui plaît de s'y tenir invisible pour m'obséder. Quand elle sera dans une
chambre connue, je pourrai calculer ma distance. »
Content de mes raisons, je donnai légèrement
mon approbation à tout.

Je voulais sortir pour aller chez le correspon-
dant de ma mère. Biondetta donna ses ordres pour
ma toilette, et, quand elle fut achevée, je me
rendis où j'avais dessein d'aller.

Le négociant me fit un accueil dont j'eus lieu
d'être surpris. Il était à sa banque; de loin il me
caresse de l'œil, vient à moi :

« Don Alvare, me dit-il, je ne vous croyais pas
ici. Vous arrivez très à propos pour m'empêcher
de faire une bévue; j'allais vous envoyer deux
lettres et de l'argent. — Celui de mon quartier?
répondis-je. — Oui, répliqua-t-il, et quelque
chose de plus. Voilà deux cents sequins en sus qui
sont arrivés ce matin. Un vieux gentilhomme à
qui j'en ai donné le reçu me les a remis de la
part de dona Mencia. Ne recevant pas de vos nouvelles, elle vous a cru malade, et a chargé un Espagnol de votre connaissance de me les remettre
pour vous les faire passer. — Vous a-t-il dit son
nom? — Je l'ai écrit dans le reçu : c'est don
Miguel Pimientos, qui dit avoir été écuyer dans

votre maison. Ignorant votre arrivée ici, je ne lui ai pas demandé son adresse. »

Je pris l'argent. J'ouvris les lettres : ma mère se plaignait de sa santé, de ma négligence, et ne parlait pas des sequins qu'elle envoyait ; je n'en fus que plus sensible à ses bontés.

Me voyant la bourse aussi à propos et aussi bien garnie, je revins gaîment à l'auberge. J'eus de la peine à trouver Biondetta dans l'espèce de logement où elle s'était réfugiée ; elle y entrait par un dégagement distant de ma porte. Je m'y aventurai par hasard, et la vis courbée près d'une fenêtre, fort occupée à rassembler et recoller les débris d'un clavecin.

« J'ai de l'argent, lui dis-je, et vous rapporte celui que vous m'avez prêté. » Elle rougit, ce qui lui arrivait toujours avant de parler ; elle chercha mon obligation, me la remit, prit la somme, et se contenta de me dire que j'étais trop exact, et qu'elle eût désiré jouir plus longtemps du plaisir de m'avoir obligé.

« Mais je vous dois encore, lui dis-je, car vous avez les postes. » Elle en avait l'état sur la table. Je l'acquittai. Je sortais avec un sang-froid apparent. Elle me demanda mes ordres ; je n'en eus pas à lui donner, et elle se remit tranquillement à son ouvrage ; elle me tournait le dos. Je l'observai quelque temps : elle semblait très-occupée, et apportait à son travail autant d'adresse que d'activité.

Je revins rêver dans ma chambre. « Voilà, disais-je, le pair de ce Caldéron qui allumait la pipe à Soberano, et, quoiqu'il ait l'air très-distingué, il n'est pas de meilleure maison. S'il ne se rend ni exigeant ni incommode, s'il n'a pas de prétentions, pourquoi ne le garderais-je pas ? Il m'assure d'ail-

Contes fantastiques.   3

leurs que, pour le renvoyer, il ne faut qu'un acte
de ma volonté. Pourquoi me presser de vouloir
tout à l'heure ce que je puis vouloir à tous les
instants du jour ? » On interrompit mes réflexions
en m'annonçant que j'étais servi.

Je me mis à table. Biondetta, en grande livrée,
était derrière mon siége, attentive à prévenir mes
besoins. Je n'avais pas besoin de me retourner
pour la voir : trois glaces disposées dans le salon
répétaient tous ses mouvements. Le dîner fini, on
dessert; elle se retire.

L'aubergiste monte : la connaissance n'était
pas nouvelle. On était en carnaval : mon arrivée
n'avait rien qui dût le surprendre. Il me félicita
sur l'augmentation de mon train, qui supposait
un meilleur état de ma fortune, et se rabattit
sur les louanges de mon page, le jeune homme le
plus beau, le plus affectionné, le plus intelligent,
le plus doux qu'il eût encore vu. Il me demanda
si je comptais prendre part aux plaisirs du carnaval. C'était mon intention. Je pris un déguisement
et montai dans une gondole.

Je courus la place; j'allai au spectacle, au *ridotto*. Je jouai, je gagnai quarante sequins, et rentrai
assez tard, ayant cherché de la dissipation partout
où j'avais cru pouvoir en trouver.

Mon page, un flambeau à la main, me reçoit au
bas de l'escalier, me livre aux soins d'un valet de
chambre, et se retire après m'avoir demandé à
quelle heure j'ordonnais que l'on entrât chez moi.
« A l'heure ordinaire, » répondis-je, sans penser
que personne n'était au fait de ma manière de
vivre.

Je me réveillai tard le lendemain, et me levai
promptement. Je jetai par hasard les yeux sur les
lettres de ma mère, demeurées sur la table. « Digne

femme! m'écriai-je. Que fais-je ici? Que ne vais-je
me mettre à l'abri de vos sages conseils! J'irai, ah!
j'irai; c'est le seul parti qui me reste. »

Comme je parlais haut, on s'aperçut que j'étais
éveillé; on entra chez moi, et je revis l'écueil de
ma raison. Il avait l'air désintéressé, modeste,
soumis, et ne m'en parut que plus dangereux. Il
m'annonçait un tailleur et des étoffes; le marché
fait, il disparut avec lui jusqu'à l'heure du repas.

Je mangeai peu et courus me précipiter à travers le tourbillon des amusements de la ville. Je
cherchai les masques; j'écoutai; je fis de froides
plaisanteries, et terminai la scène par l'opéra,
surtout le jeu, jusqu'alors ma passion favorite. Je
gagnai beaucoup plus à cette seconde séance qu'à
la première.

VII.

Dix jours se passèrent dans la même situation
de cœur et d'esprit, et à peu près dans des
dissipations semblables. Je trouvai d'anciennes
connaissances; j'en fis de nouvelles. On me présenta aux assemblées les plus distinguées; je fus
admis aux parties des nobles dans leurs casins.

Tout allait bien si ma fortune au jeu ne s'était
pas démentie; mais je perdis au *ridotto,* en une
soirée, treize cents sequins que j'avais amassés.
On n'a jamais joué d'un plus grand malheur. A
trois heures du matin, je me retirai, mis à sec,
devant cent sequins à mes connaissances. Mon
chagrin était écrit dans mes regards et sur tout
mon extérieur. Biondetta me parut affectée, mais
elle n'ouvrit pas la bouche.

Le lendemain je me levai tard. Je me prome-
nais à grands pas dans ma chambre en frappant
des pieds. On me sert, je ne mange point. Le
service enlevé, Biondetta reste, contre son ordinaire. Elle me fixe un instant, laisse échapper
quelques larmes : « Vous avez perdu de l'argent,
don Alvare, peut-être plus que vous n'en pouvez payer. — Et quand cela serait, où trouve-
rais-je le remède? — Vous m'offensez : mes
services sont toujours à vous au même prix;
mais ils ne s'étendraient pas loin, s'ils n'allaient
qu'à vous faire contracter avec moi de ces obliga-
tions que vous vous croiriez dans la nécessité de
remplir sur-le-champ. Trouvez bon que je prenne
un siége; je sens une émotion qui ne me per-
mettrait pas de me soutenir debout; j'ai d'ailleurs
des choses importantes à vous dire. Voulez-vous
vous ruiner?... Pourquoi jouez-vous avec cette
fureur, puisque vous ne savez pas jouer? — Tout
le monde ne sait-il pas les jeux de hasard? Quelqu'un pourrait-il me les apprendre? — Oui; prudence à part, on apprend les jeux de chance, que
vous appelez mal à propos jeux de hasard. Il n'y
a point de hasard dans le monde; tout y a été
et sera toujours une suite de combinaisons nécessaires que l'on ne peut entendre que par la science
des nombres, dont les principes sont en même
temps si abstraits et si profonds, qu'on ne peut
les saisir si l'on n'est conduit par un maître; mais
il faut avoir su se le donner et se l'attacher. Je ne
puis vous peindre cette connaissance sublime que
par une image. L'enchaînement des nombres fait
la cadence de l'univers, règle ce qu'on appelle les
événements fortuits et prétendus déterminés, les
forçant, par des balanciers invisibles, à tomber
chacun à leur tour, depuis ce qui se passe d'im-

portant dans les sphères éloignées jusqu'aux misérables petites chances qui vous ont aujourd'hui dépouillé de votre argent. »

Cette tirade scientifique dans une bouche enfantine, cette proposition un peu brusque de me donner un maître, m'occasionnèrent un léger frisson, un peu de cette sueur froide qui m'avait saisi sous la voûte de Portici. Je fixe Biondetta, qui baissait la vue. « Je ne veux pas de maître, lui dis-je : je craindrais d'en trop apprendre; mais essayez de me prouver qu'un gentilhomme peut savoir un peu plus que le jeu, et s'en servir sans compromettre son caractère. » Elle prit la thèse, et voici en substance l'abrégé de sa démonstration.

« La banque est combinée sur le pied d'un profit exorbitant qui se renouvelle à chaque taille; si elle ne courait pas des risques, la république ferait, à coup sûr, un vol manifeste aux particuliers. Mais les calculs que nous pouvons faire sont supposés, et la banque a toujours beau jeu en tenant contre une personne instruite sur dix mille dupes. »

La conviction fut poussée plus loin. On m'enseigna une seule combinaison, très-simple en apparence; je n'en devinai pas les principes : mais, dès le soir même, j'en connus l'infaillibilité par le succès.

En un mot, je regagnai, en la suivant, tout ce que j'avais perdu, payai mes dettes de jeu, et rendis en rentrant à Biondetta l'argent qu'elle m'avait prêté pour tenter l'aventure.

J'étais en fonds, mais plus embarrassé que jamais. Mes défiances s'étaient renouvelées sur les desseins de l'être dangereux dont j'avais agréé les services. Je ne savais pas décidément si je pourrais l'éloigner de moi; en tout cas, je n'avais pas la force de le vouloir. Je détournais les yeux pour ne pas le voir où il était, et je le voyais partout où il n'était pas.

Le jeu cessait de m'offrir une dissipation attachante. Le pharaon, que j'aimais passionnément, n'étant plus assaisonné par le risque, avait perdu tout ce qu'il avait de piquant pour moi. Les singeries du carnaval m'ennuyaient; les spectacles m'étaient insipides. Quand j'aurais eu le cœur assez libre pour désirer de former une liaison parmi les femmes du haut parage, j'étais rebuté d'avance par la langueur, le cérémonial et la contrainte de la *cicisbeature*. Il me restait la ressource des casins des nobles, où je ne voulais plus jouer, et la société des courtisanes.

Parmi les femmes de cette dernière espèce, il y en avait quelques-unes plus distinguées par l'élégance de leur faste et l'enjouement de leur société que par leurs agréments personnels. Je trouvais dans leurs maisons une liberté réelle dont j'aimais à jouir, une gaîté bruyante qui pouvait m'étourdir, si elle ne pouvait me plaire, enfin un abus continuel de la raison, qui me tirait pour quelques moments des entraves de la mienne. Je faisais des galanteries à toutes les femmes de cette espèce chez lesquelles j'étais admis, sans avoir de projet sur aucune; mais la plus célèbre d'entre elles avait des desseins sur moi qu'elle fit bientôt éclater.

On la nommait Olympia. Elle avait vingt-six ans, beaucoup de beauté, de talents et d'esprit. Elle me laissa bientôt apercevoir du goût qu'elle avait pour moi, et, sans en avoir pour elle, je me jetai à sa tête pour me débarrasser en quelque sorte de moi-même.

Notre liaison commença brusquement, et,

comme j'y trouvais peu de charmes, je jugeai
qu'elle finirait de même, et qu'Olympia, ennuyée
de mes distractions auprès d'elle, chercherait
bientôt un amant qui lui rendît plus de justice,
d'autant plus que nous nous étions pris sur le
pied de la passion la plus désintéressée; mais
notre planète en décidait autrement. Il fallait sans
doute pour le châtiment de cette femme superbe
et emportée, et pour me jeter dans des embarras
d'une autre espèce, qu'elle conçût un amour
effréné pour moi.

Déjà je n'étais plus le maître de revenir le soir à
mon auberge, et j'étais accablé pendant la journée
de billets, de messages et de surveillants.

On se plaignait de mes froideurs. Une jalousie
qui n'avait pas encore trouvé d'objet s'en prenait
à toutes les femmes qui pouvaient attirer mes regards, et aurait exigé de moi jusqu'à des incivi-
lités pour elles, si l'on eût pu entamer mon
caractère. Je me déplaisais dans ce tourment per-
pétuel, mais il fallait bien y vivre. Je cherchais de
bonne foi à aimer Olympia, pour aimer quelque
chose et me distraire du goût dangereux que je
me connaissais. Cependant une scène plus vive se
préparait.

J'étais sourdement observé dans mon auberge
par les ordres de la courtisane. « Depuis quand, me
dit-elle un jour, avez-vous ce beau page qui vous
intéresse tant, à qui vous témoignez tant d'égards,
et que vous ne cessez de suivre des yeux quand
son service l'appelle dans votre appartement? Pourquoi lui faites-vous observer cette retraite austère?
Car on ne le voit jamais dans Venise. — Mon
page, répondis-je, est un jeune homme bien né,
de l'éducation duquel je suis chargé par devoir.
C'est... — C'est, reprit-elle, les yeux enflammés

de courroux, traître, c'est une femme. Un de mes
affidés lui a vu faire sa toilette par le trou de la
serrure... — Je vous donne ma parole d'honneur
que ce n'est pas une femme... — N'ajoute pas le
mensonge à la trahison. Cette femme pleurait, on
l'a vue ; elle n'est pas heureuse. Tu ne sais que
faire le tourment des cœurs qui se donnent à toi.
Tu l'as abusée, comme tu m'abuses, et tu l'aban-
donnes. Renvoie à ses parents cette jeune personne ; et si tes prodigalités t'ont mis hors d'état
de lui faire justice, qu'elle la tienne de moi. Tu
lui dois un sort ; je le lui ferai, mais je veux
qu'elle disparaisse demain. — Olympia, repris-je
le plus froidement qu'il me fut possible, je vous
ai juré, je vous le répète et vous jure encore, que
ce n'est pas une femme ; et plût au ciel... — Que
veulent dire ces mensonges et ce plût au ciel,
monstre? Renvoie-la, te dis-je, ou... Mais j'ai d'autres ressources ; je te démasquerai, et elle entendra
raison, si tu n'es pas susceptible de l'entendre. »

Excédé par ce torrent d'injures et de menaces,
mais affectant de n'être point ému, je me retirai
chez moi, quoiqu'il fût tard.

Mon arrivée parut surprendre mes domestiques, et surtout Biondetta : elle témoigna quelque inquiétude sur ma santé ; je répondis qu'elle
n'était point altérée.

Je ne lui parlais presque jamais depuis ma
liaison avec Olympia, et il n'y avait aucun changement dans sa conduite à mon égard ; mais on
en remarquait dans ses traits ; il y avait sur le
ton général de sa physionomie une teinte d'abattement et de mélancolie.

Le lendemain, à peine étais-je éveillé, que Biondetta entre dans ma chambre, une lettre ouverte à
la main. Elle me la remet et je lis :

AU PRÉTENDU BIONDETTO.

« Je ne sais qui vous êtes, Madame, ni ce que
vous pouvez faire chez don Alvare; mais vous
êtes trop jeune pour n'être pas excusable, et en
de trop mauvaises mains pour ne pas exciter la
compassion. Ce cavalier vous aura promis ce qu'il
promet à tout le monde, ce qu'il me jure encore
tous les jours, quoique déterminé à nous trahir.
On dit que vous êtes sage autant que belle; vous
serez susceptible d'un bon conseil. Vous êtes en
âge, Madame, de réparer le tort que vous pouvez
vous être fait; une âme sensible vous en offre les
moyens. On ne marchandera point sur la force
du sacrifice que l'on doit faire pour assurer votre
repos. Il faut qu'il soit proportionné à votre état,
aux vues que l'on vous a fait abandonner, à celles
que vous pouvez avoir pour l'avenir, et par conséquent vous réglerez tout vous-même. Si vous
persistez à vouloir être trompée et malheureuse
et à en faire d'autres, attendez-vous à tout ce que
le désespoir peut suggérer de plus violent à une
rivale. J'attends votre réponse. »

Après avoir lu cette lettre, je la remis à Biondetta. « Répondez, lui dis-je, à cette femme
qu'elle est folle, et vous savez mieux que moi
combien elle est... — Vous la connaissez, don
Alvare; n'appréhendez-vous rien d'elle? .. — J'appréhende qu'elle ne m'ennuie plus longtemps.
Ainsi je la quitte; et, pour m'en délivrer plus sû-
rement, je vais louer ce matin une jolie maison
que l'on m'a proposée sur la Brenta. » Je m'habillai sur-le-champ, et allai conclure mon marché.
Chemin faisant, je réfléchissais aux menaces

d'Olympia. Pauvre folle ! disais-je, elle veut tuer...
Je ne pus jamais, et sans savoir pourquoi, prononcer le mot. Dès que j'eus terminé mon affaire,
je revins chez moi ; je dînai ; et craignant que la
force de l'habitude ne m'entraînât chez la courtisane, je me déterminai à ne pas sortir de la
journée.

Je prends un livre. Incapable de m'appliquer à
la lecture, je le quitte ; je vais à la fenêtre, et la
foule, la variété des objets me choquent au lieu
de me distraire. Je me promène à grands pas dans
tout mon appartement, cherchant la tranquillité
de l'esprit dans l'agitation continuelle du corps.

VIII.

Dans cette course indéterminée, mes pas s'a-
dressent vers une garde-robe sombre, où mes
gens renfermaient les choses nécessaires à mon
service qui ne devaient pas se trouver sous ma
main. Je n'y étais jamais entré. L'obscurité du
lieu me plaît. Je m'assieds sur un coffre et y passe
quelques minutes.

Au bout de ce court espace de temps, j'entends
du bruit dans une pièce voisine ; un petit jour qui
me donne dans les yeux m'attire vers une porte
condamnée ; il s'échappait par le trou de la serrure ; j'y applique l'œil.

Je vois Biondetta assise vis-à-vis de son clavecin, les bras croisés, dans l'attitude d'une personne qui rêve profondément. Elle rompit le
silence.

« Biondetta ! Biondetta ! dit-elle. Il m'appelle

Biondetta! C'est le premier, c'est le seul mot caressant qui soit sorti de sa bouche. »

Elle se tait, et paraît retomber dans sa rêverie.

Elle pose enfin les mains sur le clavecin que je lui avais vu raccommoder. Elle avait devant elle un livre fermé sur le pupitre. Elle prélude et chante à demi-voix en s'accompagnant.

Je démêlai sur-le-champ que ce qu'elle chantait n'était pas une composition arrêtée. En prêtant mieux l'oreille, j'entendis mon nom, celui d'Olympia.

Elle improvisait en prose sur sa prétendue situation, sur celle de sa rivale, qu'elle trouvait bien plus heureuse que la sienne ; enfin sur les rigueurs que j'avais pour elle et les soupçons qui occasionnaient une défiance qui m'éloignait de mon bonheur. Elle m'aurait conduit dans la route des grandeurs, de la fortune et des sciences, et j'aurais fait sa félicité. « Hélas ! disait-elle, cela devient impossible. Quand il me connaîtrait pour ce que je suis, mes faibles charmes ne pourraient l'arrêter ; une autre... »

La passion l'emportait, et les larmes semblaient la suffoquer. Elle se lève, va prendre un mouchoir, s'essuie et se rapproche de l'instrument ; elle veut se rasseoir, et, comme si le peu de hauteur du siège l'eût tenue ci-devant dans une attitude trop gênée, elle prend le livre qui était sur son pupitre, le met sur le tabouret, s'assied et prélude de nouveau.

Je compris bientôt que la seconde scène de musique ne serait pas de l'espèce de la première. Je reconnus l'air d'une barcarolle fort en vogue alors à Venise. Elle le répéta deux fois ; puis, d'une voix plus distincte et plus assurée, elle chanta les paroles suivantes :

Hélas! quelle est ma chimère!
Fille du ciel et des airs,
Pour Alvare et pour la terre
J'abandonne l'univers;
Sans éclat et sans puissance,
Je m'abaisse jusqu'aux fers;
Et quelle est ma récompense?
On me dédaigne et je sers.

Coursier, la main qui vous mène
S'empresse à vous caresser;
On vous captive, on vous gêne,
Mais on craint de vous blesser.
Des efforts qu'on vous fait fair
Sur vous l'honneur rejaillit,
Et le frein qui vous modère
Jamais ne vous avilit.

Alvare, une autre t'engage
Et m'éloigne de ton cœur
Dis-moi par quel avantage
Elle a vaincu ta froideur.
On pense qu'elle est sincère,
On s'en rapporte à sa foi;
Elle plaît, je ne puis plaire;
Le soupçon est fait pour moi.

La cruelle défiance
Empoisonne le bienfait.
On me craint en ma présence;
En mon absence on me hait.
Mes tourments, je les suppose;
Je gémis, mais sans raison;
Si je parle, j'en impose...
Je me tais, c'est trahison.

Amour, tu fis l'imposture,
Je passe pour l'imposteur ;
Ah! pour venger notre injure,
Dissipe enfin son erreur.
Fais que l'ingrat me connaisse ;
Et, quel qu'en soit le sujet,
Qu'il déteste une faiblesse
Dont je ne suis pas l'objet.

Ma rivale est triomphante,
Elle ordonne de mon sort,
Et je me vois dans l'attente
De l'exil ou de la mort.
Ne brisez pas votre chaîne,
Mouvements d'un cœur jaloux.
Vous éveilleriez la haine....
Je me contrains : taisez-vous.

Le son de la voix, le chant, le sens des vers,
leur tournure, me jettent dans un désordre que
je ne puis exprimer. « Être fantastique, dangereuse imposture ! m'écriai-je en sortant avec rapi-
dité du poste où j'étais demeuré trop longtemps :
peut-on mieux emprunter les traits de la vérité
et de la nature? Que je suis heureux de n'avoir
connu que d'aujourd'hui le trou de cette serrure !
Comme je serais venu m'enivrer, combien j'aurais
aidé à me tromper moi-même ! Sortons d'ici.
Allons sur la Brenta dès demain. Allons-y ce
soir. »

J'appelle sur-le-champ un domestique, et fais
dépêcher, dans une gondole, ce qui m'était nécessaire pour aller passer la nuit dans ma nouvelle
maison.

Il m'eût été trop difficile d'attendre la nuit dans
mon auberge. Je sortis. Je marchai au hasard.

Au détour d'une rue, je crus voir entrer dans un
café ce Bernadillo qui accompagnait Soberano
dans notre promenade à Portici. « Autre fantôme ! dis-je ; ils me poursuivent. » J'entrai dans
ma gondole, et courus tout Venise de canal en
canal ; il était onze heures quand je rentrai. Je
voulus partir pour la Brenta, et mes gondoliers,
fatigués, refusant le service, je fus obligé d'en faire
appeler d'autres. Ils arrivèrent, et mes gens, prévenus de mes intentions, me précèdent dans la
gondole, chargés de leurs propres effets. Biondetta me suivait.

A peine ai-je les deux pieds dans le bâtiment,
que des cris me forcent à me retourner. Un
masque poignardait Biondetta : « Tu l'emportes
sur moi ! meurs, meurs, odieuse rivale ! »

IX.

L'EXÉCUTION fut si prompte, qu'un des gondoliers, resté sur le rivage, ne put l'empêcher. Il
voulut attaquer l'assassin en lui portant le flambeau dans les yeux : un autre masque accourt et
le repousse avec une action menaçante, une voix
tonnante que je crus reconnaître pour celle de
Bernadillo. Hors de moi, je m'élance de la gondole. Les meurtriers ont disparu. A l'aide du
flambeau, je vois Biondetta pâle, baignée dans son
sang, expirante.

Mon état ne saurait se peindre. Toute autre
idée s'efface. Je ne vois plus qu'une femme adorée, victime d'une prévention ridicule, sacrifiée à

ma vaine et extravagante confiance, et accablée
par moi, jusque-là, des plus cruels outrages.

Je me précipite ; j'appelle en même temps le
secours et la vengeance. Un chirurgien, attiré
par l'éclat de cette aventure, se présente. Je fais
transporter la blessée dans mon appartement ; et,
de crainte qu'on ne la ménage point assez, je me
charge moi-même de la moitié du fardeau.

Quand on l'eut déshabillée, quand je vis ce
beau corps sanglant atteint de deux énormes blessures, qui semblaient devoir attaquer toutes deux
les sources de la vie, je dis, je fis mille extrava-
gances.

Biondetta, présumée sans connaissance, ne devait pas les entendre ; mais l'aubergiste et ses
gens, un chirurgien, deux médecins, appelés, ju-
gèrent qu'il était dangereux pour la blessée
qu'on me laissât auprès d'elle. On m'entraîna hors
de la chambre.

On laissa mes gens près de moi ; mais un d'eux
ayant eu la maladresse de me dire que la Faculté
avait jugé les blessures mortelles, je poussai des
cris aigus. Fatigué enfin par mes emportements,
je tombai dans un abattement qui fut suivi de
sommeil.

Je crus voir ma mère en rêve : je lui racontais
mon aventure, et, pour la lui rendre plus sensible, je la conduisais vers les ruines de Portici.

« N'allons pas là, mon fils, me disait-elle, vous
êtes dans un danger évident. » Comme nous passions dans un défilé étroit où je m'engageais avec
sécurité, une main tout à coup me pousse dans
un précipice ; je la reconnais, c'est celle de Biondetta. Je tombais, une autre main me retire, et
je me trouve entre les bras de ma mère. Je me
réveille, encore haletant de frayeur. « Tendre mère !

m'écriai-je, vous ne m'abandonnez pas, même en rêve. »

« Biondetta! vous voulez me perdre? Mais ce songe est l'effet du trouble de mon imagination. Ah! chassons des idées qui me feraient manquer à la reconnaissance, à l'humanité! »

J'appelle un domestique et fais demander des nouvelles. Deux chirurgiens veillent : on a beaucoup tiré de sang; on craint la fièvre.

Le lendemain, après l'appareil levé, on décida que les blessures n'étaient dangereuses que par la profondeur; mais la fièvre survient, redouble, et il faut épuiser le sujet par de nouvelles saignées.

Je fis tant d'instances pour entrer dans l'appartement, qu'il ne fut pas possible de s'y refuser.

Biondetta avait le transport, et répétait sans cesse mon nom. Je la regardai; elle ne m'avait jamais paru si belle.

« Est-ce là, me disais-je, ce que je prenais pour un fantôme colorié, un amas de vapeurs brillantes uniquement rassemblées pour en imposer à mes sens?

« Elle avait la vie comme je l'ai, et la perd, parce que je n'ai jamais voulu l'entendre, parce que je l'ai volontairement exposée. Je suis un tigre, un monstre.

« Si tu meurs, objet le plus digne d'être chéri, et dont j'ai si indignement reconnu les bontés, je ne veux pas te survivre. Je mourrai après avoir sacrifié sur ta tombe la barbare Olympia!

« Si tu m'es rendue, je serai à toi; je reconnaîtrai tes bienfaits; je couronnerai tes vertus, ta patience; je me lie par des liens indissolubles, et ferai mon devoir de te rendre heureuse par le sa-

crifice aveugle de mes sentiments et de mes volontés. »

Je ne peindrai point les efforts pénibles de l'art
et de la nature pour rappeler à la vie un corps
qui semblait devoir succomber sous les ressources
mises en œuvre pour le soulager.

Vingt et un jours se passèrent sans qu'on pût
se décider entre la crainte et l'espérance ; enfin,
la fièvre se dissipa, et il parut que la malade re-
prenait connaissance.

Je l'appelais ma chère Biondetta ; elle reconnut
tout ce qui était autour d'elle. J'étais à son chevet : ses yeux se tournèrent sur moi ; les miens
étaient baignés de larmes.

Je ne saurais peindre, quand elle me regarda,
les grâces, l'expression de son sourire. « Chère
Biondetta ! reprit-elle ; je suis la chère Biondetta
d'Alvare. »

Elle voulait m'en dire davantage : on me força
encore une fois de m'éloigner.

Je pris le parti de rester dans sa chambre, dans
un endroit où elle ne pût pas me voir. Enfin,
j'eus la permission d'en approcher. « Biondetta,
lui dis-je, je fais poursuivre vos assassins. — Ah !
ménagez-les, dit-elle : ils ont fait mon bonheur.
Si je meurs, ce sera pour vous ; si je vis, ce sera
pour vous aimer. »

J'ai des raisons pour abréger ces scènes de tendresse qui se passèrent entre nous jusqu'au temps
où les médecins m'assurèrent que je pouvais
faire transporter Biondetta sur les bords de la
Brenta, où l'air serait plus propre à lui rendre
ses forces. Nous nous y établîmes.

Je lui avais donné deux femmes pour la servir,
dès le premier instant où son sexe fut avéré par
la nécessité de panser ses blessures. Je rassemblai

autour d'elle tout ce qui pouvait contribuer à sa commodité, et ne m'occupai qu'à la soulager, l'amuser et lui plaire.

X.

Ses forces se rétablissaient à vue d'œil, et sa beauté semblait prendre chaque jour un nouvel éclat. Enfin, croyant pouvoir l'engager dans une conversation assez longue, sans intéresser sa santé : « O Biondetta ! lui dis-je, je suis comblé d'amour, persuadé que vous n'êtes point un être fantastique, convaincu que vous m'aimez, malgré les procédés révoltants que j'ai eus pour vous jusqu'ici. Mais vous savez si mes inquiétudes furent fondées. Développez-moi le mystère de l'étrange apparition qui affligea mes regards dans la voûte de Portici. D'où venaient, que devinrent ce monstre affreux, cette petite chienne qui précédèrent votre arrivée? Comment, pourquoi les avez-vous remplacés pour vous attacher à moi? Qui-étaient-ils? Qui êtes-vous? Achevez de rassurer un cœur tout à vous, et qui veut se dévouer pour la vie. — Alvare, répondit Biondetta, les nécromanciens, étonnés de votre audace, voulurent se faire un jeu de votre humiliation, et parvenir par la voie de la terreur à vous réduire à l'état de vil esclave de leurs volontés. Ils vous préparaient d'avance à la frayeur, en vous provoquant à l'évocation du plus puissant et du plus redoutable de tous les esprits; et par le secours de ceux dont la catégorie leur est soumise, ils vous présentèrent un spectacle qui vous eût fait mourir d'effroi, si la vigueur de votre âme n'eût fait tourner contre eux leur propre stratagème.

« A votre contenance héroïque, les Sylphides, les Salamandres, les Gnômes, les Ondins, enchantés de votre courage, résolurent de vous donner tout l'avantage sur vos ennemis.

« Je suis Sylphide d'origine, et une des plus considérables d'entre elles. Je parus sous la forme de la petite chienne; je reçus vos ordres, et nous nous empressâmes tous à l'envi de les accomplir. Plus vous mettiez de hauteur, de résolution, d'aisance, d'intelligence à régler nos mouvements, plus nous redoublions d'admiration et de zèle.

« Vous m'ordonnâtes de vous servir en page, de vous amuser en cantatrice. Je me soumis avec joie, et goûtai de tels charmes dans mon obéissance, que je résolus de vous la vouer pour toujours.

« Décidons, me disais-je, mon état et mon bonheur. Abandonnée dans le vague de l'air à une incertitude nécessaire, sans sensations, sans jouissances, esclave des évocations des cabalistes, jouet de leurs fantaisies, nécessairement bornée dans mes prérogatives comme dans mes connaissances, balancerais-je davantage sur le choix des moyens par lesquels je puis ennoblir mon essence?

« Il m'est permis de prendre un corps pour m'associer à un sage : le voilà. Si je me réduis au simple état de femme, si je perds par ce changement volontaire le droit naturel des Sylphides et l'assistance de mes compagnes, je jouirai du bonheur d'aimer et d'être aimée. Je servirai mon vainqueur; je l'instruirai de la sublimité de son être, dont il ignore les prérogatives; il nous soumettra, avec les éléments dont j'aurai abandonné l'empire, les esprits de toutes les sphères. Il est fait pour être le roi du monde, et j'en serai la reine, et la reine adorée de lui.

« Ces réflexions, plus subites que vous ne pouvez le croire dans une substance débarrassée d'organes, me décidèrent sur-le-champ. En conservant ma figure, je prends un corps de femme pour ne le quitter qu'avec la vie.

« Quand j'eus pris un corps, Alvare, je m'aperçus que j'avais un cœur : je vous admirai, je vous aimai ; mais que devins-je lorsque je ne vis en vous que de la répugnance, de la haine ! Je ne pouvais ni changer, ni même me repentir ; soumise à tous les revers auxquels sont sujettes les créatures de votre espèce, m'étant attiré le courroux des esprits, la haine implacable des nécromanciens, je devenais, sans votre protection, l'être le plus malheureux qui fût sous le ciel ; que dis-je ? je le serais encore sans votre amour. »

Mille grâces répandues dans la figure, l'action, le son de la voix, ajoutaient au prestige de ce récit intéressant. Je ne concevais rien de ce que j'entendais. Mais qu'y avait-il de concevable dans mon aventure ?

« Tout ceci me paraît un songe, me disais-je ; mais la vie humaine est-elle autre chose ? je rêve plus extraordinairement qu'un autre, et voilà tout.

« Je l'ai vue de mes yeux, attendant tout secours de l'art, arriver presque jusqu'aux portes de la mort, en passant par tous les termes de l'épuisement et de la douleur.

« L'homme fut un assemblage d'un peu de boue et d'eau. Pourquoi une femme ne serait-elle pas faite de rosée, de vapeurs terrestres et de rayons de lumière, des débris d'un arc-en-ciel condensés ? Où est le possible ?... Où est l'impossible ?... »

Le résultat de mes réflexions fut de me livrer
encore plus à mon penchant, en croyant consulter ma raison. Je comblais Biondetta de pré-
venances, de caresses innocentes. Elle s'y prêtait
avec une franchise qui m'enchantait, avec cette
pudeur naturelle qui agit sans être l'effet des réflexions ou de la crainte.

XI.

Un mois s'était passé dans des douceurs qui
m'avaient enivré. Biondetta, entièrement ré-
tablie, pouvait me suivre partout à la promenade.
Je lui avais fait faire un déshabillé d'amazone.
Sous ce vêtement, sous un grand chapeau om-
bragé de plumes, elle attirait tous les regards, et
nous ne paraissions jamais que mon bonheur ne
fît l'objet de l'envie de tous ces heureux citadins
qui peuplent, pendant les beaux jours, les rivages
enchantés de la Brenta; les femmes même semblaient avoir renoncé à cette jalousie dont on les
accuse, ou subjuguées par une supériorité dont
elles ne pouvaient disconvenir, ou désarmées par
un maintien qui annonçait l'oubli de tous ces
avantages.

Connu de tout le monde pour l'amant aimé
d'un objet aussi ravissant, mon orgueil égalait
mon amour; et je m'élevais encore davantage
quand je venais à me flatter sur le brillant de son
origine.

Je ne pouvais douter qu'elle ne possédât les
connaissances les plus rares, et je supposais avec
raison que son but était de m'en orner; mais elle

ne m'entretenait que de choses ordinaires et semblait avoir perdu l'autre objet de vue. « Biondetta,
lui dis-je un soir que nous nous promenions sur
la terrasse de mon jardin, lorsqu'un penchant
trop flatteur pour moi vous décida à lier votre
sort au mien, vous vous promettiez de m'en
rendre digne en me donnant des connaissances
qui ne sont point réservées au commun des
hommes. Vous parais-je maintenant indigne de
vos soins? un amour aussi tendre, aussi délicat
que le vôtre peut-il ne point désirer d'ennoblir
son objet? — O Alvare! me répondit-elle, je suis
femme depuis six mois, et ma passion, il me le
semble, n'a pas duré un jour. Pardonnez si la plus
douce des sensations enivre un cœur qui n'a jamais rien éprouvé. Je voudrais vous montrer à
aimer comme moi, et vous seriez, par ce sentiment seul, au-dessus de tous vos semblables; mais
l'orgueil humain aspire à d'autres jouissances.
L'inquiétude naturelle ne lui permet pas de saisir
un bonheur, s'il n'en peut envisager un plus grand
dans la perspective. Oui, je vous instruirai, Alvare. J'oubliais avec plaisir mon intérêt; il le
veut, puisque je dois retrouver ma grandeur dans
la vôtre; mais il ne suffit pas de me promettre
d'être à moi : il faut que vous vous donniez et
sans réserve et pour toujours. »

Nous étions assis sur un banc de gazon, sous
un abri de chèvrefeuille, au fond du jardin : je me
jetai à ses genoux : « Chère Biondetta, lui dis-je,
je vous jure une fidélité à toute épreuve. — Non,
disait-elle, vous ne me connaissez pas, vous ne
vous connaissez pas : il me faut un abandon ab-
solu. Il peut seul me rassurer et me suffire. »

Je lui baisais la main avec transport, et redou-
blais mes serments; elle m'opposait ses craintes.

Dans le feu de la conversation, nos têtes se penchent, nos lèvres se rencontrent... Dans le moment, je me sens saisir par la basque de mon habit, et secouer d'une étrange force...

C'était mon chien, un jeune danois dont on m'avait fait présent. Tous les jours je le faisais jouer avec mon mouchoir. Comme il s'était échappé de la maison la veille, je l'avais fait attacher pour prévenir une seconde évasion. Il venait de rompre son attache; conduit par l'odorat, il m'avait trouvé, et me tirait par mon manteau pour me montrer sa joie et me solliciter au badinage: j'eus beau le chasser de la main, de la voix, il ne fut pas possible de l'écarter; il courait, revenait sur moi en aboyant; enfin, vaincu par son importunité, je le saisis par son collier et le reconduisis à la maison.

Comme je revenais au berceau pour rejoindre Biondetta, un domestique marchant presque sur mes talons nous avertit qu'on avait servi, et nous allâmes prendre nos places à table. Biondetta eût pu y paraître embarrassée. Heureusement nous nous trouvions en tiers: un jeune noble était venu passer la soirée avec nous.

Le lendemain j'entrai chez Biondetta, résolu de lui faire part des réflexions sérieuses qui m'avaient occupé pendant la nuit. Elle était encore au lit, et je m'assis auprès d'elle. « Nous avons, lui dis-je, pensé faire hier une folie dont je me fusse repenti le reste de mes jours. Ma mère veut absolument que je me marie. Je ne saurais être à d'autre qu'à vous, et ne puis point prendre d'engagement sérieux sans son aveu. Vous regardant déjà comme ma femme, chère Biondetta, mon devoir est de vous respecter. — Eh! ne dois-je pas vous respecter moi-même, Alvare? Mais ce se.-

timent ne serait-il pas le poison de l'amour? —
Vous vous trompez, repris-je, il en est l'assaison
nement... — Bel assaisonnement, qui vous ra
mène à moi d'un air glacé, et me pétrifie moi
même! Ah! Alvare! Alvare! je n'ai heureusemen
ni rime ni raison, ni père ni mère, et veux aimer
de tout mon cœur sans cet assaisonnement-là.
Vous devez des égards à votre mère : ils sont naturels ; il suffit que sa volonté, ratifie l'union de
nos cœurs, pourquoi faut-il qu'elle la précède?
Les préjugés sont nés chez vous au défaut de lui
mières, et soit en raisonnant soit en ne raisonnant
pas, ils rendent votre conduite aussi inconséquente
que bizarre. Soumis à de véritables devoirs, vous
vous en imposez qu'il est ou impossible ou inutile
de remplir ; enfin, vous cherchez à vous faire écarter de la route, dans la poursuite de l'objet dont
la possession vous semble le plus désirable. Notre
union, nos liens deviennent dépendants de la
volonté d'autrui. Qui sait si dona Mencia me trouvera d'assez bonne maison pour entrer dans celle
de Maravillas? Et je me verrai dédaignée? ou, au
lieu de vous tenir de vous-même, il faudrait vous
obtenir d'elle? Est-ce un homme destiné à la haute
science qui me parle, ou un enfant qui sort des
montagnes de l'Estramadure? Et dois-je être sans
délicatesse, quand je vois qu'on ménage celle des
autres plus que la mienne? Alvare! Alvare! on
vante l'amour des Espagnols; ils auront toujours
plus d'orgueil et de morgue que d'amour. »

J'avais vu des scènes bien extraordinaires; je
n'étais point préparé à celle-ci. Je voulus excuser
mon respect pour ma mère; le devoir me le pres-
crivait, et la reconnaissance, l'attachement, plus
fort encore que lui. On n'écoutait pas. « Je ne
suis pas devenue femme pour rien, Alvare : vous

me tenez de moi, je veux vous tenir de vous. Dona Mencia désapprouvera après, si elle est folle. Ne m'en parlez plus. Depuis qu'on me respecte, qu'on se respecte, qu'on respecte tout le monde, je deviens plus malheureuse que lorsqu'on me haïssait. » Elle se mit à sangloter.

Heureusement je suis fier, et ce sentiment me garantit du mouvement de faiblesse qui m'entraînait aux pieds de Biondetta, pour essayer de désarmer cette déraisonnable colère, et faire cesser des larmes dont la seule vue me mettait au désespoir... Je me retirai. Je passai dans mon cabinet; en m'y enchaînant, on m'eût rendu service. Enfin, craignant l'issue des combats que j'éprouvais, je cours à ma gondole; une des femmes de Biondetta se trouve sur mon chemin. « Je vais à Venise, lui dis-je. J'y deviens nécessaire pour la suite du procès intenté à Olympia; » et sur le champ je pars, en proie aux plus dévorantes inquiétudes, mécontent de Biondetta et plus encore de moi, voyant qu'il ne me restait à prendre que des partis lâches ou désespérés.

XII.

J'ARRIVE à la ville; je touche à la première calle. Je parcours d'un air effaré toutes les rues qui sont sur mon passage, ne m'apercevant point qu'un orage affreux va fondre sur moi, et qu'il faut m'inquiéter de trouver un abri.

C'était dans le milieu du mois de juillet. Bientôt je fus chargé par une pluie abondante mêlée de beaucoup de grêle.

Je vois une porte ouverte devant moi : c'était celle de l'église du grand-couvent des Franciscains ; je m'y réfugie.

Ma première réflexion fut qu'il avait fallu un semblable accident pour me faire entrer dans une église depuis mon séjour dans les états de Venise ; la seconde fut de me rendre justice sur cet entier oubli de mes devoirs.

Enfin, voulant m'arracher à mes pensées, je considère les tableaux, et cherche à voir les monuments qui sont dans cette église : c'était une espèce de voyage curieux que je faisais autour de la nef et du chœur.

J'arrive enfin dans une chapelle enfoncée et qui était éclairée par une lampe, le jour extérieur n'y pouvant pénétrer. Quelque chose d'éclatant frappe mes regards dans le fond de la chapelle : c'était un monument.

Deux génies descendaient dans un tombeau de marbre noir une figure de femme.

Deux autres génies fondaient en larmes auprès de la tombe.

Toutes les figures étaient de marbre blanc, et leur éclat naturel, rehaussé par le contraste, en réfléchissant vivement la faible lumière de la lampe, semblait les faire briller d'un jour qui leur fût propre, et éclairer lui-même le fond de la chapelle.

J'approche, je considère les figures ; elles me paraissent des plus belles proportions, pleines d'expression, et de l'exécution la plus finie.

J'attache mes yeux sur la tête de la principale figure. Que deviens-je ? Je crois voir le portrait de ma mère. Une douleur vive et tendre, un saint respect, me saisissent.

« O ma mère ! est-ce pour m'avertir que mon

peu de tendresse et le désordre de ma vie vous
conduiront au tombeau que ce froid simulacre
emprunte ici votre ressemblance chérie ? O la plus
digne des femmes ! tout égaré qu'il est, votre Alvare
vous a conservé tous vos droits sur son cœur.
Avant de s'écarter de l'obéissance qu'il vous doit,
il mourrait plutôt mille fois : il en atteste ce marbre insensible. Hélas ! je suis dévoré de la passion
la plus tyrannique : il m'est impossible de m'en
rendre maître désormais. Vous venez de parler à
mes yeux : parlez, ah ! parlez à mon cœur, et si je
dois la bannir, enseignez-moi comment je pourrai faire sans qu'il m'en coûte la vie. »

En prononçant avec force cette pressante in-
vocation, je m'étais prosterné la face contre terre,
et j'attendais dans cette attitude la réponse que
j'étais presque sûr de recevoir, tant j'étais en-
thousiasmé.

Je réfléchis maintenant, ce que je n'étais pas
en état de faire alors, que, dans toutes les occasions où nous avons besoin de secours extraordinaires pour régler notre conduite, si nous les
demandons avec force, dussions-nous n'être pas
exaucés, au moins, en nous recueillant pour les
recevoir, nous nous mettons dans le cas d'user
de toutes les ressources de notre propre prudence. Je méritais d'être abandonné à la mienne,
et voici ce qu'elle me suggéra :

« Tu mettras un devoir à remplir et un espace
considérable entre ta passion et toi ; les événements t'éclaireront. »

Allons, dis-je en me relevant avec précipitation,
allons ouvrir mon cœur à ma mère, et remet-
tons-nous encore une fois sous ce cher abri.

Je retourne à mon auberge ordinaire ; je cherche une voiture, et, sans m'embarrasser d'équi-

pages, je prends la route de Turin, pour me
rendre en Espagne par la France; mais, avant, je
mets dans un paquet une note de trois cents sequins sur la banque, et la lettre qui suit :

« Ma chère Biondetta,

« Je m'arrache d'auprès de vous, ma chère
Biondetta, et ce serait m'arracher à la vie, si l'espoir du plus prompt retour ne consolait mon
cœur. Je vais voir ma mère ; animé par votre
charmante idée, je triompherai d'elle, et viendrai
former avec son aveu une union qui doit faire
mon bonheur. Heureux d'avoir rempli mes devoirs avant de me donner tout entier à l'amour,
je sacrifierai à vos pieds le reste de ma vie. Vous
connaîtrez un Espagnol, ma Biondetta ; vous
jugerez d'après sa conduite que, s'il obéit aux
devoirs de l'honneur et du sang, il sait également
satisfaire aux autres. En voyant l'heureux effet de
ses préjugés, vous ne taxerez pas d'orgueil le
sentiment qui l'y attache. Je ne puis douter de
votre amour : il m'avait voué une entière obéissance; je le reconnaîtrai encore mieux par cette
faible condescendance à des vues qui n'ont pour
objet que notre commune félicité. Je vous envoie
ce qui peut être nécessaire pour l'entretien de
notre maison. Je vous enverrai d'Espagne ce que
je croirai le moins indigne de vous, en attendant
que la plus vive tendresse qui fut jamais vous
ramène pour toujours votre esclave. »
Je suis sur la route de l'Estramadure. Nous
étions dans la plus belle saison, et tout semblait
se prêter à l'impatience que j'avais d'arriver dans
ma patrie.

Je découvrais déjà les clochers de Turin, lorsqu'une chaise de poste assez mal en ordre, ayant
dépassé ma voiture, s'arrête, et me laisse voir, à
travers une portière, une femme qui fait des signes et s'élance pour en sortir.

Mon postillon s'arrête de lui-même; je descends, et reçois Biondetta dans mes bras; elle y
reste pâmée sans connaissance; elle n'avait pu
dire que ce peu de mots : « Alvare! vous m'avez
abandonnée. »

Je la porte dans ma chaise, seul endroit où je
pusse l'asseoir commodément; elle était heureusement à deux places. Je fais mon possible pour
lui donner plus d'aisance à respirer en la déga-
geant de ceux de ses vêtements qui la gênent; et,
la soutenant entre mes bras, je continue ma route
dans la situation que l'on peut imaginer.

XIII.

Nous arrêtons à la première auberge de quelque apparence; je fais porter Biondetta dans
la chambre la plus commode; je la fais mettre
sur un lit et m'assieds à côté d'elle. Je m'étais
fait apporter des eaux spiritueuses, des élixirs
propres à dissiper un évanouissement. A la fin
elle ouvre les yeux.

« On a voulu ma mort encore une fois, dit-
elle : on sera satisfait. — Quelle injustice! lui
dis-je; un caprice vous fait vous refuser à des
démarches senties si nécessaires de ma part. Je
risque de manquer à mon devoir si je ne sais pas
vous résister, et je m'expose à des désagréments,

à des remords qui troubleraient la tranquillité de
notre union. Je prends le parti de m'échapper
pour aller chercher l'aveu de ma mère... — Et
que ne me faites-vous connaître votre volonté,
cruel ! Ne suis-je pas faite pour vous obéir ? Je
vous aurais suivi ; mais m'abandonner seule, sans
protection, à la vengeance des ennemis que je me
suis faits pour vous, me voir exposée par votre
faute aux affronts les plus humiliants... — Expliquez-vous, Biondetta ; quelqu'un aurait-il osé?...
— Et qu'avait-on à risquer contre un être de mon
sexe, dépourvu d'aveu comme de toute assistance? L'indigne Bernadillo nous avait suivis à
Venise; à peine avez-vous disparu qu'alors, ces-
sant de vous craindre, impuissant contre moi
depuis que je suis à vous, mais pouvant troubler
l'imagination des gens attachés à mon service, il
a fait assiéger par des fantômes de sa création
votre maison de la Brenta. Mes femmes, effrayées,
m'abandonnent. Selon un bruit général, autorisé
par beaucoup de lettres, un lutin a enlevé un
capitaine aux gardes du roi de Naples et l'a conduit à Venise. On assure que je suis ce lutin, et
cela se trouve presque avéré par les indices.
Chacun s'écarte de moi avec frayeur. J'implore
de l'assistance, de la compassion; je n'en trouve
pas. Enfin l'or obtient ce que l'on refuse à l'humanité. On me vend fort cher une mauvaise
chaise; je trouve des guides, des postillons; je
vous suis... »

Ma fermeté pensa s'ébranler au récit des disgrâces de Biondetta... « Je ne pouvais, lui dis-je,
prévoir des événements de cette nature. Je vous
avais vue l'objet des égards, des respects de tous
les habitants des bords de la Brenta ; ce qui vous
semblait si bien acquis, pouvais-je imaginer qu'on

vous le disputerait dans mon absence? O Biondetta! vous êtes éclairée : ne deviez-vous pas
prévoir qu'en contrariant des vues aussi raisonnables que les miennes, vous me porteriez à des
résolutions désespérées? Pourquoi... — Est-on
toujours maîtresse de ne pas contrarier? Je suis
femme par mon choix, Alvare, mais je suis femme,
enfin, exposée à ressentir toutes les impressions;
je ne suis pas de marbre. J'ai choisi entre les
zones la matière élémentaire dont mon corps est
composé; elle est très-susceptible; si elle ne
l'était pas, je manquerais de sensibilité, vous ne
me feriez rien éprouver et je vous deviendrais
insipide. Pardonnez-moi d'avoir couru le risque
de prendre toutes les imperfections de mon sexe,
pour en réunir, si je pouvais, toutes les grâces;
mais la folie est faite, et, constituée comme je le
suis à présent, mes sensations sont d'une vivacité
dont rien n'approche : mon imagination est un
volcan. J'ai, en un mot, des passions d'une violence qui devrait vous effrayer si vous n'étiez pas
l'objet de la plus emportée de toutes, et si nous
ne connaissions pas mieux les principes et les
effets de ces élans naturels qu'on ne les connaît
à Salamanque. On leur y donne des noms odieux;
on parle au moins de les étouffer. Etouffer une
flamme céleste, le seul ressort au moyen duquel l'âme et le corps peuvent agir réciproquement l'un sur l'autre et se forcer de concourir au
maintien nécessaire de leur union! Cela est bien
imbécile, mon cher Alvare! Il faut régler ces
mouvements, mais quelquefois il faut leur céder;
si on les contrarie, si on les soulève, ils échap-
pent tous à la fois, et la raison ne sait plus où
s'asseoir pour gouverner. Ménagez-moi dans ces
moments-ci, Alvare, je n'ai que six mois; je suis

dans l'enthousiasme de tout ce que j'éprouve; songez qu'un de vos refus, un mot que vous me dites inconsidérément, indignent l'amour, révoltent l'orgueil, éveillent le dépit, la. défiance, la crainte; que dis-je? je vois d'ici ma pauvre tête perdue, et mon Alvare aussi malheureux que moi! — O Biondetta! répartis-je, on ne cesse pas de s'étonner' auprès de vous; mais je crois voir la nature même dans l'aveu que vous faites de vos penchants. Nous trouverons des ressources contre, eux dans notre tendresse mutuelle. Que ne devons-nous pas espérer d'ailleurs des conseils de la mère qui va nous recevoir dans ses bras? Elle vous chérira, tout m'en assure, et tout nous aidera à couler des jours heureux... — Il faut vouloir ce que vous voulez, Alvare. Je connais mieux mon sexe et n'espère pas autant que vous; mais je veux vous obéir pour vous plaire, et je me livre. »

Satisfait de me trouver sur la route de l'Espagne, de l'aveu et en compagnie de l'objet qui avait captivé ma raison et mes sens, je m'empressai de chercher le passage des Alpes pour arriver en France; mais il semblait que le ciel me devenait contraire depuis que je n'étais pas seul : des orages affreux suspendent ma course et rendent les chemins mauvais et les passages impraticables. Les chevaux s'abattent; ma voiture, qui semblait neuve et bien assemblée, se dément à chaque poste, et manque par l'essieu, ou par le train, ou par les roues. Enfin, après des traverses infinies, je parviens au col de Tende.

Parmi les sujets d'inquiétude, les embarras que me donnait un voyage aussi contrarié, j'admirais le personnage de Biondetta. Ce n'était plus cette femme tendre, triste ou emportée, que j'avais

vue; il semblait qu'elle voulût soulager mon ennui en se livrant aux saillies de la gaîté la plus
vive, et me persuader que les fatigues n'avaient
rien de rebutant pour elle.

Tout ce badinage agréable était mêlé de ça-
resses trop séduisantes pour que je pusse m'y
refuser; je m'y livrais, mais avec réserve; mon
orgueil compromis servait de frein à la violence
de mes désirs. Elle lisait trop bien dans mes yeux
pour ne pas juger de mon désordre et chercher à
l'augmenter. Je fus en péril, je dois en convenir.

Une fois entre autres, si une roue ne se fût
brisée, je ne sais ce que le point d'honneur fût
devenu. Cela me mit un peu plus sur mes gardes
pour l'avenir

XIV.

APRÈS des fatigues incroyables, nous arrivâmes
à Lyon. Je consentis, par attention pour elle,
à m'y reposer quelques jours. Elle arrêtait mes
regards sur l'aisance, la facilité des mœurs, de la
nation française. « C'est à Paris, c'est à la cour
que je voudrais vous voir établi. Les ressources
d'aucune espèce ne vous y manqueront; vous
ferez la figure qu'il vous plaira d'y faire, et j'ai
des moyens sûrs de vous y faire jouer le plus
grand rôle. Les Français sont galants : si je ne
présume point trop de ma figure, ce qu'il y aurait
de plus distingué parmi eux viendrait me rendre
hommage, et je les sacrifierais tous à mon Alvare.
Le beau sujet de triomphe pour une vanité espa-
gnole ! »

Je regardai cette proposition comme un badi-

Contes fantastiques.   5

nage. « Non, dit-elle, j'ai sérieusement cette fantaisie... — Partons donc bien vite pour l'Estramadure, répliquai-je, et nous reviendrons faire
présenter à la cour de France l'épouse de don
Alvare Maravillas, car il ne vous conviendrait pas
de ne vous y montrer qu'en aventurière... — Je
suis sur le chemin de l'Estramadure, dit-elle ; il
s'en faut bien que je la regarde comme le terme
où je dois trouver mon bonheur ; comment ferai-
je pour jamais le rencontrer ? »

J'entendais, je voyais sa répugnance ; mais j'allais à mon but, et je me trouvai bientôt sur le
territoire espagnol. Les obstacles imprévus, les
fondrières, les ornières impraticables, les mule-
tiers ivres, les mulets rétifs, me donnaient encore
moins de relâche que dans le Piémont et la
Savoie.

On dit beaucoup de mal des auberges d'Espagne, et c'est avec raison ; cependant je m'estimais
heureux quand les contrariétés éprouvées pendant
le jour ne me forçaient pas de passer une partie
de la nuit au milieu de la campagne, ou dans une
grange écartée.

« Quel pays allons-nous chercher, disait-elle, à
en juger par ce que nous éprouvons ? En sommes-
nous encore bien éloignés ? — Vous êtes, repris-
je, en Estramadure, et à dix lieues tout au plus
du château de Maravillas... — Nous n'y arriverons
certainement pas ; le ciel nous en défend les ap-
proches. Voyez les vapeurs dont il se charge. »

Je regardai le ciel, et jamais il ne m'avait paru
plus menaçant. Je fis apercevoir à Biondetta que
la grange où nous étions pouvait nous garantir
de l'orage. « Nous garantira-t-elle aussi du tonnerre ? me dit-elle... — Et que vous fait le tonnerre, à vous, habituée à vivre dans les airs, qui

l'avez vu tant de fois se former, et devez si bien connaître son origine physique ? — Je ne craindrais pas, si je la connaissais moins ; je me suis soumise pour l'amour de vous aux causes physiques, et je les appréhende parce qu'elles tuent et qu'elles sont physiques. »

Nous étions sur deux tas de paille, aux deux extrémités de la grange. Cependant l'orage, après s'être annoncé de loin, approche et mugit d'une manière épouvantable. Le ciel paraissait un brasier agité par les vents en mille sens contraires ; les coups de tonnerre, répétés par les antres des montagnes voisines, retentissaient horriblement autour de nous ; ils ne se succédaient pas, ils semblaient s'entre-heurter. Le vent, la grêle, la pluie, se disputaient entre eux à qui ajouterait le plus à l'horreur de l'effroyable tableau dont nos sens étaient affligés. Il part un éclair qui semble embraser notre asile ; un coup effroyable suit ; Biondetta, les yeux fermés, les doigts dans les oreilles, vient se précipiter dans mes bras : « Ah ! Alvare, je suis perdue !... »

Je veux la rassurer. « Mettez la main sur mon cœur, » disait-elle. Elle me la place sur sa gorge, et quoiqu'elle se trompât en me faisant appuyer sur un endroit où le battement ne devait pas être le plus sensible, je démêlai que le mouvement était extraordinaire. Elle m'embrassait de toutes ses forces et redoublait à chaque éclair. Enfin, un coup plus effrayant que tous ceux qui s'étaient fait entendre part : Biondetta s'y dérobe de manière qu'en cas d'accident il ne pût la frapper avant de m'avoir atteint moi-même le premier.

Cet effet de la peur me parut singulier, et je commençai à appréhender pour moi, non les suites de l'orage, mais celles d'un complot formé

dans sa tête de vaincre ma résistance à ses vues.
Quoique plus transporté que je ne puis le dire,
je me lève : « Biondetta, lui dis-je, vous ne savez
ce que vous faites. Calmez cette frayeur; ce tin-
tamarre ne menace ni vous ni moi. »

Mon flegme dut la surprendre; mais elle pouvait me dérober ses pensées en continuant d'affecter du trouble. Heureusement la tempête avait
fait son dernier effort. Le ciel se nettoyait, et bientôt la clarté de la lune nous annonça que nous
n'avions plus rien à craindre du désordre des éléments.

Biondetta demeurait à la place où elle s'était mise.
Je m'assis auprès d'elle sans proférer une parole;
elle fit semblant de dormir, et je me mis à rêver
plus tristement que je n'eusse encore fait depuis
le commencement de mon aventure sur les suites
nécessairement fâcheuses de ma passion. Je ne
donnerai que le canevas de mes réflexions : Ma
maîtresse était charmante, mais je voulais en faire
ma femme.

Le jour m'ayant surpris dans ces pensées, je me
levai pour aller voir si je pourrais poursuivre ma
route. Cela me devenait impossible pour le moment. Le muletier qui conduisait ma calèche me dit
que ses mulets étaient hors de service. Comme
j'étais dans cet embarras, Biondetta vint me joindre.

Je commençais à perdre patience quand un
homme d'une physionomie sinistre, mais vigou-
reusement taillé, parut devant la porte de la ferme,
chassant devant lui deux mulets qui avaient de
l'apparence. Je lui proposai de me conduire chez
moi; il savait le chemin; nous convînmes du
prix.

J'allais remonter dans ma voiture, lorsque je
crus reconnaître une femme de ma campagne qui

traversait le chemin, suivie d'un valet; je.m'approche, je la fixe. C'est Berthe, honnête fermière de mon village et sœur de ma nourrice. Je l'appelle, elle s'arrête, me regarde à son tour, mais d'un air consterné. « Quoi ! c'est vous, me dit-elle, seigneur don Alvare ! Que venez-vous chercher dans un endroit où votre perte est jurée, où vous avez mis la désolation?... — Moi ! ma chère Berthe; et qu'ai-je fait?...—Ah ! seigneur Alvare, la conscience ne vous reproche-t-elle pas la triste situation à laquelle votre digne mère, notre bonne maîtresse, se trouve réduite?... Elle se meurt... — Elle se meurt?... m'écriai-je... — Oui, poursuivit-elle, et c'est la suite du chagrin que vous lui avez causé; au moment où je vous parle elle ne doit pas être en vie. Il lui est venu des lettres de Naples, de Venise. On lui a écrit des choses qui font trembler. Notre bon seigneur, votre frère, est furieux; il dit qu'il sollicitera partout des ordres contre vous, qu'il vous dénoncera, vous livrera lui-même... — Allez, madame Berthe, si vous retournez à Maravillas et y arrivez avant moi, annoncez à mon frère qu'il me verra bientôt. »

XV.

Sur-le-champ, la calèche étant attelée, je présente la main à Biondetta, cachant le désordre de mon âme sous l'apparence de la fermeté. Elle se montrait effrayée : « Quoi! dit-elle, nous allons nous livrer à votre frère ? nous allons aigrir par notre présence une famille irritée, des vassaux désolés?... — Je ne saurais craindre mon

frère, Madame; s'il m'impute des torts que je n'ai
pas, il est important que je le désabuse. Si j'en ai,
il faut que je m'excuse, et comme ils ne viennent
pas de mon cœur, j'ai droit à sa compassion et à
son indulgence. Si j'ai conduit ma mère au tombeau par le dérèglement de ma conduite, j'en dois
réparer le scandale, et pleurer si hautement cette
perte, que la vérité, la publicité de mes regrets,
effacent aux yeux de toute l'Espagne la tache que
le défaut de naturel imprimerait à mon sang. —
Ah! don Alvare, vous courez à votre perte et à la
mienne; ces lettres écrites de tous côtés, ces préjugés répandus avec tant de promptitude et d'af-
fectation, sont la suite de nos aventures et des
persécutions que j'ai essuyées à Venise. Le traître
Bernadillo, que vous ne connaissez pas assez, obsède votre frère; il le portera... — Eh! qu'ai-je à
redouter de Bernadillo et de tous les lâches de la
terre? Je suis, Madame, le seul ennemi redoutable
pour moi. On ne portera jamais mon frère à la
vengeance aveugle, à l'injustice, à des actions indignes d'un homme de tête et de courage, d'un gentilhomme enfin. » Le silence succède à cette conversation assez vive; il eût pu devenir embarras-
sant pour l'un et l'autre; mais, après quelques
instants, Biondetta s'assoupit peu à peu, et s'en-
dort.

Pouvais-je ne pas la regarder? Pouvais-je la considérer sans émotion? Sur ce visage brillant de
tous les trésors, de la pompe, enfin, de la jeunesse, le sommeil ajoutait aux grâces naturelles
du repos cette fraîcheur délicieuse, animée, qui
rend tous les traits harmonieux. Un nouvel en-
chantement s'empare de moi: il écarte mes défiances; mes inquiétudes sont suspendues, ou,
s'il m'en reste une assez vive, c'est que la tête de

l'objet dont je suis épris, ballottée par les cahots
de la voiture, n'éprouve quelque incommodité
par la brusquerie ou la rudesse des frottements.
Je ne suis plus occupé qu'à la soutenir, à la garantir. Mais nous en éprouvons un si vif, qu'il
me devient impossible de le parer ; Biondetta jette
un cri, et nous sommes renversés.

L'essieu était rompu ; les mulets heureusement
s'étaient arrêtés. Je me dégage, je me précipite
vers Biondetta, rempli des plus vives alarmes.
Elle n'avait qu'une légère contusion au coude, et
bientôt nous sommes debout en pleine campagne,
mais exposés à l'ardeur du soleil en plein midi, à
cinq lieues du château de ma mère, sans moyens
apparents de pouvoir nous y rendre, car il ne
s'offrait à nos regards aucun endroit qui parût
être habité.

Cependant, à force de regarder avec attention,
je crois distinguer à la distance d'une lieue une
fumée qui s'élève derrière un taillis mêlé de
quelques arbres assez élevés. Alors, confiant ma
voiture à la garde du muletier, j'engage Biondetta
à marcher avec moi du côté qui m'offre l'apparence de quelque secours.

Plus nous avançons, plus notre espoir se for-
tifie ; déjà la petite forêt semble se partager en
deux ; bientôt elle forme une avenue au fond de
laquelle on aperçoit des bâtiments d'une struc-
ture modeste ; enfin, une ferme considérable termine notre perspective.

Tout semble être en mouvement dans cette
habitation, d'ailleurs isolée. Dès qu'on nous aperçoit, un homme se détache et vient au-devant de
nous.

Il nous aborde avec civilité. Son extérieur est
honnête ; il est vêtu d'un pourpoint de satin noir

taillé en couleur de feu, orné de quelques passe-
ments en argent. Son âge paraît être de vingt-cinq
à trente ans. Il a le teint d'un campagnard ; la
fraîcheur perce sous le hâle, et décèle la vigueur
et la santé.

Je le mets au fait de l'accident qui m'attire chez
lui. « Seigneur cavalier, me répondit-il, vous êtes
toujours le bien arrivé, et chez des gens remplis
de bonne volonté. J'ai ici une forge, et votre essieu
sera rétabli ; mais vous me donneriez aujourd'hui
tout l'or de monseigneur le duc de Medina-Sidonia mon maître, que ni moi ni personne des
miens ne pourrait se mettre à l'ouvrage. Nous
arrivons de l'église, mon épouse et moi ; c'est le
plus beau de nos jours. Entrez. En voyant la
mariée, mes parents, mes amis, mes voisins qu'il
me faut fêter, vous jugerez s'il m'est possible de
faire travailler maintenant. D'ailleurs, si madame
et vous ne dédaignez pas une compagnie composée
de gens qui subsistent de leur travail depuis le
commencement de la monarchie, nous allons
nous mettre à table ; nous sommes tous heureux
aujourd'hui : il ne tiendra qu'à vous de partager
notre satisfaction. Demain nous penserons aux
affaires. »

En même temps il donne ordre qu'on aille
chercher ma voiture.

Me voilà hôte de Marcos, le fermier de monseigneur le duc, et nous entrons dans le salon
préparé pour le repas de noce. Adossé au manoir
principal, il occupe tout le fond de la cour ; c'est
une feuillée en arcades, ornée de festons de
fleurs, d'où la vue, d'abord arrêtée par les deux
petits bosquets, se perd agréablement dans la
campagne, à travers l'intervalle qui forme l'a-
venue.

Lá table était servie. Luisa, la nouvelle mariée, est entre Marcos et moi. Biondetta est à côté de Marcos. Les pères et les mères, les autres parents sont vis-à-vis ; la jeunesse occupe les deux bouts.

La mariée baissait deux grands yeux noirs qui n'étaient pas faits pour regarder en dessous ; tout ce qu'on lui disait, et même les choses indifférentes, la faisait rougir.

La gravité préside au commencement du repas : c'est le caractère de la nation ; mais à mesure que les outres disposées autour de la table se désenflent, les physionomies deviennent moins sérieuses.

On commençait à s'animer, quand tout à coup les poëtes improvisateurs de la contrée paraissent autour de la table. Ce sont des aveugles qui chantent les couplets suivants, en s'accompagnant de leurs guitares :

Marcos a dit à Louise :
Veux-tu mon cœur et ma foi?
Elle a répondu : Suis-moi,
Nous parlerons à l'église.
Là, de la bouche et des yeux,
Ils se sont juré tous deux
Une flamme vive et pure.
Si vous êtes curieux
De voir des époux heureux,
Venez en Estramadure.

Louise est sage, elle est belle ;
Marcos a bien des jaloux ;
Mais il les désarme tous
En se montrant digne d'elle.
Et tout ici, d'une voix,
Applaudissant à leur choix,
Vante une flamme aussi pure.

Si vous êtes curieux
De voir des époux heureux,
Venez en Estramadure.

D'une douce sympathie
Comme leurs cœurs sont unis!
Leurs troupeaux sont réunis
Dans la même bergerie ;
Leurs peines et leurs plaisirs,
Leurs soins, leurs vœux, leurs désirs,
Suivent la même mesure.
Si vous êtes curieux
De voir des époux heureux,
Venez en Estramadure.

Pendant qu'on écoutait ces chansons aussi simples que ceux pour qui elles semblaient être faites,
tous les valets de la ferme, n'étant plus nécessaires au service, s'assemblaient gaîment pour manger les reliefs du repas ; mêlés avec des Egyptiens
et des Egyptiennes appelés pour augmenter le
plaisir de la fête, ils formaient sous les arbres de
l'avenue des groupes aussi agissants que variés,
et embellissaient notre perspective.

Biondetta cherchait continuellement mes regards, et les forçait à se porter vers ces objets dont
elle paraissait agréablement occupée, semblant me
reprocher de ne point partager avec elle tout l'a-
musement qu'ils lui procuraient.

XVI.

Mais le repas a déjà paru trop long à la jeunesse : elle attend le bal. C'est aux gens d'un âge mûr à montrer de la complaisance. La table est dérangée ; les planches qui la forment, les futailles dont elle est soutenue, sont repoussées au fond de la feuillée ; devenues tréteaux, elles servent d'amphithéâtre aux symphonistes. On joue le fandango sévillan ; de jeunes Egyptiennes l'exécutent avec leurs castagnettes et leurs tambours de basque ; la noce se mêle avec elles et les imite ; la danse est devenue générale.

Biondetta paraissait en dévorer des yeux le spectacle. Sans sortir de sa place, elle essaye tous les mouvements qu'elle voit faire.

« Je crois, dit-elle, que j'aimerais le bal à la fureur. » Bientôt elle s'y engage et me force à danser. D'abord elle montre quelque embarras et même un peu de maladresse ; bientôt elle semble s'aguerrir et unir la grâce et la force à la légèreté, à la précision. Elle s'échauffe ; il lui faut son mouchoir, le mien, celui qui lui tombe sous la main : elle ne s'arrête que pour s'essuyer.

La danse ne fut jamais ma passion, et mon âme n'était point assez à son aise pour que je pusse me livrer à un amusement aussi vain. Je m'échappe et gagne un des bouts de la feuillée, cherchant un endroit où je pusse m'asseoir et rêver.

Un caquet très bruyant me distrait, et arrête presque malgré moi mon attention. Deux voix se sont élevées derrière moi. « Oui, oui, disait l'une, c'est un enfant de la planète. Il entrera dans sa maison. Tiens, Zoradille, il est né le trois mai, à trois heures du matin... — Oh! vraiment, Léla-gise, répondait l'autre, malheur aux enfants de Saturne; celui-ci a Jupiter à l'ascendant, Mars et Mercure en conjonction trine avec Vénus. Oh! le beau jeune homme! Quels avantages surnatu-rels! Quelles espérances il pourrait concevoir! Quelle fortune il devrait faire! Mais... »

Je connaissais l'heure de ma naissance, et je l'en-tendais détailler avec la plus singulière précision. Je me retourne et fixe ces babillardes.

Je vois deux vieilles Egyptiennes, moins assises qu'accroupies sur leurs talons. Un teint plus qu'o-livâtre, des yeux creux et ardents, une bouche en-foncée, un nez mince et démesuré qui, partant du haut de la tête, vient en se recourbant toucher au menton; un morceau d'étoffe, qui fut rayé de blanc et de bleu, tourne deux fois autour d'un crâne à demi pelé, tombe en écharpe sur l'épaule, et de là sur les reins, de manière qu'ils ne soient qu'à demi nus; en un mot, des objets presque aussi révoltants que ridicules. Je les aborde. « Par-liez-vous de moi, Mesdames? leur dis-je, voyant qu'elles continuaient à me fixer et à se faire des signes... — Vous nous écoutiez donc, seigneur cavalier? — Sans doute, répliquai-je; et qui vous a si bien instruites de l'heure de ma nativité?... — Nous aurions bien d'autres choses à vous dire, heureux jeune homme; mais il faut commencer par mettre le signe dans la main. — Qu'à cela ne tienne, repris-je, et sur-le-champ je leur donne un doublon. — Vois, Zoradille, dit la plus âgée, vois comme il est noble, comme il est fait pour jouir de tous les trésors qui lui sont destinés. Allons, pince la guitare, et suis-moi. » Elle chante :

L'Espagne vous donna l'être,
Mais Parthénope vous a nourri ;
La terre en vous voit son maître.
Du ciel, si vous voulez l'être,
Vous serez le favori.

Le bonheur qu'on vous présage
Est volage et pourrait vous quitter.
Vous le tenez au passage :
Il faut, si vous êtes sage,
Le saisir sans hésiter.

Quel est cet objet aimable ?
Qui s'est soumis à votre pouvoir
Est-il...

Les vieilles étaient en train. J'étais tout oreilles. Biondetta a quitté la danse, elle est accourue, elle me tire par le bras, me force à m'éloigner.

« Pourquoi m'avez-vous abandonnée, Alvare? Que faites-vous ici? — J'écoutais, repris-je... — Quoi! me dit-elle en m'entraînant, vous écoutiez ces vieux monstres?... — En vérité, ma chère Biondetta, ces créatures sont singulières : elles ont plus de connaissances qu'on ne leur en suppose ; elles me disaient... — Sans doute, reprit-elle avec ironie, elles faisaient leur métier, elles vous disaient votre bonne aventure : et vous les croiriez ! Vous êtes, avec beaucoup d'esprit, d'une simplicité d'enfant. Et ce sont là les objets qui vous empêchent de vous occuper de moi?... — Au contraire, ma chère Biondetta, elles allaient me parler de vous. — Parler de moi ! reprit-elle vivement, avec une sorte d'inquiétude, qu'en savent-elles? qu'en peuvent-elles dire? Vous extravaguez. Vous danserez toute la soirée pour me faire oublier cet écart. »

Je la suis; je rentre de nouveau dans le cercle, mais sans attention à ce qui se passe autour de moi, à ce que je fais moi-même. Je ne songeais qu'à m'échapper pour rejoindre, où je le pourrais, mes diseuses de bonne aventure. Enfin je crois voir un moment favorable; je le saisis. En un clin d'œil j'ai volé vers mes sorcières, les ai retrouvées et conduites sous un petit berceau qui termine le potager de la ferme. Là, je les supplie de me dire, en prose, sans énigme, très-succintement, enfin, tout ce qu'elles peuvent savoir d'intéressant sur mon compte. La conjuration était forte, car j'avais les mains pleines d'or. Elles brûlaient de parler, comme moi de les entendre. Bientôt je ne puis douter qu'elles ne soient instruites des particularités les plus secrètes de ma famille, et confusément de mes liaisons avec Biondetta, de mes craintes, de mes espérances. Je croyais apprendre bien des choses; je me flattais d'en apprendre de plus importantes encore : mais notre Argus est sur mes talons.

Biondetta n'est point accourue, elle a volé. Je voulais parler. « Point d'excuse, dit-elle, la rechute est impardonnable... — Ah! vous me la pardonnerez, lui dis-je, j'en suis sûr, quoique vous m'ayez empêché de m'instruire comme je pouvais l'être; dès à présent j'en sais assez... — Pour faire quelque extravagance. Je suis furieuse, mais ce n'est pas ici le temps de quereller; si nous sommes dans le cas de nous manquer d'égards, nous en devons à nos hôtes. On va se mettre à table, et je m'y assieds à côté de vous. Je ne prétends plus souffrir que vous m'échappiez. »

Dans le nouvel arrangement du banquet, nous

étions assis vis-à-vis des nouveaux mariés. Tous deux sont animés par les plaisirs de la journée : Marcos a les regards brûlants, Luisa les a moins timides ; la pudeur s'en venge et lui couvre les joues du plus vif incarnat. Le vin de Xérès fait le tour de la table, et semble en avoir banni jusqu'à un certain point la réserve ; les vieillards même, s'animant du souvenir de leurs plaisirs passés, provoquent la jeunesse par des saillies qui tiennent moins de la vivacité que de la pétulance. J'avais ce tableau sous les yeux ; j'en avais un plus mouvant, plus varié à côté de moi.

Biondetta, paraissant tour à tour livrée à la passion ou au dépit, la bouche armée des grâces fières du dédain ou embellie par le sourire, m'agaçait, me boudait, me pinçait jusqu'au sang, et finissait par me marcher doucement sur les pieds. En un mot, c'était en un moment une faveur, un reproche, un châtiment, une caresse : de sorte que, livré à cette vicissitude de sensations, j'étais dans un désordre inconcevable.

XVII.

Les mariés ont disparu ; une partie des convives les a suivis pour une raison ou pour une autre. Nous quittons la table. Une femme, c'était la tante du fermier et nous le savions, prend un flambeau de cire jaune, nous précède, et, en la suivant, nous arrivons dans une petite chambre de douze pieds en carré. Un lit, qui n'en a pas quatre de largeur, une table et deux siéges, en font l'ameublement. « Monsieur et Madame, nous dit notre conductrice, voilà le seul appartement que nous puissions vous donner. » Elle pose son flambeau sur la table, et on nous laisse seuls.

Biondetta baisse les yeux. Je lui adresse la parole. « Vous avez donc dit que nous étions mariés ? — Oui, répond-elle ; je ne pouvais dire que la vérité. J'ai votre parole, vous avez la mienne ; voilà l'essentiel. Vos cérémonies sont des précautions prises contre la mauvaise foi, et je n'en fais point de cas. Le reste n'a pas dépendu de moi. D'ailleurs, si vous ne voulez pas partager le lit que l'on nous abandonne, vous me donnerez la mortification de vous voir passer la nuit mal à votre aise. J'ai besoin de repos ; je suis plus que fatiguée : je suis excédée de toutes les manières. » En prononçant ces paroles du ton le plus animé, elle s'étend dessus le lit le nez tourné vers la muraille. « Eh quoi ! m'écriai-je, Biondetta, je vous ai déplu, vous êtes sérieusement fâchée ! Comment puis-je expier ma faute ? Demandez ma vie. — Alvare, me répond-elle sans se déranger, allez consulter vos Egyptiennes sur les moyens de rétablir le repos dans mon cœur et dans le vôtre. — Quoi ! l'entretien que j'ai eu avec ces femmes est le motif de votre colère ? Ah ! vous allez m'excuser, Biondetta. Si vous saviez combien les avis qu'elles m'ont donnés sont d'accord avec les vôtres, et qu'elles m'ont enfin décidé à ne point retourner au château de Maravillas ! Oui, c'en est fait, demain nous partons pour Rome, pour Venise, pour Paris, pour tous les lieux que vous voudrez que j'aille habiter avec vous. Nous y attendrons l'aveu de ma famille...»

A ce discours, Biondetta se retourne. Son visage était sérieux et même sévère. « Vous rappelez-vous, Alvare, ce que je suis, ce que j'atten-

dais de vous, ce que je vous conseillais de faire ?
Quoi ! lorsqu'en me servant avec discrétion des
lumières dont je suis douée, je n'ai pu vous ame-
ner à rien de raisonnable, la-règle de ma conduite
et de la vôtre sera fondée sur les propos de deux
êtres les plus dangereux pour vous et pour moi,
s'ils ne sont pas les plus méprisables ! Certes,
s'écria-t-elle dans un transport de douleur, j'ai
toujours craint les hommes ; j'ai balancé pendant
des siècles à faire un choix ; il est fait, il est sans
retour : je suis bien malheureuse ! » Alors elle
fond en larmes, dont elle cherche à me dérober
la vue.

Combattu par les passions les plus violentes,
je tombe à ses genoux : « O Biondetta ! m'écriai-je,
vous ne voyez pas mon cœur ! vous cesseriez de
le déchirer ! —Vous ne me connaissez pas, Alvare,
et me ferez cruellement souffrir avant de me
connaître. Il faut qu'un dernier effort vous dévoile
mes ressources, et ravisse si bien et votre estime
et votre confiance, que je ne sois plus exposée
à des partages humiliants ou dangereux ; vos
pythonisses sont trop d'accord avec moi pour ne
pas m'inspirer de justes terreurs. Qui m'assure
que Soberano, Bernadillo, vos ennemis et les
miens, ne soient pas cachés sous ces masques ?
Souvenez-vous de Venise Opposons à leurs ruses un genre de merveilles qu'ils n'attendent sans
doute pas de moi. Demain j'arrive à Maravillas,
dont leur politique cherche à m'éloigner ; les plus
avilissants, les plus accablants de tous les soupçons
vont m'y accueillir ; mais dona Mencia est une
femme juste, estimable ; votre frère a l'âme noble :
je m'abandonnerai à eux. Je serai un prodige de
douceur, de complaisance, d'obéissance, de patience ; j'irai au devant des épreuves. »

Contes fantastiques.   6

Elle s'arrête un moment. « Sera-ce assez t'abaisser, malheureuse sylphide ? » s'écrie-t-elle d'un ton douloureux.

Elle veut poursuivre ; mais l'abondance des larmes lui ôte l'usage de la parole.

Que deviens-je à ces témoignages de passion, ces marques de douleur, ces résolutions dictées par la prudence, ces mouvements d'un courage que je regardais comme héroïque ! Je m'assieds auprès d'elle ; j'essaye de la calmer par mes caresses ; mais d'abord on me repousse ; bientôt après je n'éprouve plus de résistance, sans avoir sujet de m'en applaudir ; la respiration s'embarrasse, les yeux sont à demi fermés, le corps n'obéit qu'à des mouvements convulsifs ; une froideur suspecte s'est répandue sur toute la peau ; le pouls n'a plus de mouvement sensible, et le corps paraîtrait entièrement inanimé, si les pleurs ne coulaient pas avec la même abondance.

O pouvoir des larmes ! c'est sans doute le plus puissant de tous les traits de l'amour ! Mes défiances, mes résolutions, mes serments, tout est oublié. En voulant tarir la source de cette rosée précieuse, je me suis approché de cette bouche où la fraîcheur se réunit au doux parfum de la rose ; et si je voulais m'en éloigner, deux bras dont je ne saurais peindre la blancheur, la douceur et la forme, sont des liens dont il devient impossible de me dégager. . . . .

. . . .

« O mon Alvare ! s'écrie Biondetta, j'ai triomphé : je suis le plus heureux de tous les êtres. »

Je n'avais pas la force de parler ; j'éprouvais un trouble extraordinaire ; je dirai plus, j'étais honteux, immobile. Elle se précipite à bas du lit ; elle est à mes genoux : elle me déchausse.

« Quoi! chère Biondetta, m'écriai-je, quoi! vous
vous abaissez ?... —Ah! répond-elle, ingrat, je
te servais lorsque tu n'étais que mon despote :
laisse-moi servir mon amant. »

Je suis dans un moment débarrassé de mes
hardes; mes cheveux, ramassés avec ordre, sont
arrangés dans un filet qu'elle a trouvé dans sa
poche.

Sa force, son activité, son adresse, ont triomphé de tous les obstacles que je voulais opposer.
Elle fait avec la même promptitude sa petite toilette de nuit, éteint le flambeau qui nous éclairait,
et voilà les rideaux tirés.

Alors, avec une voix à la douceur de laquelle la
plus délicieuse musique ne saurait se comparer :
« Ai-je fait, dit-elle, le bonheur de mon Alvare,
comme il a fait le mien? Mais non : je suis encore
la seule heureuse; il le sera, je le veux; je l'éni-
vrerai de délices; je le remplirai de science; je
l'élèverai au faîte des grandeurs. Voudras-tu, mon
cœur, voudras-tu être la créature la plus privilé-
giée, te soumettre avec moi les hommes, les éléments, la nature entière?—O ma chère Biondetta!
lui dis-je, quoiqu'en faisant un peu d'efforts sur
moi-même, tu me suffis : tu remplis tous les vœux
de mon cœur... — Non, non, répliqua-t-elle vivement, Biondetta ne doit pas te suffire : ce n'est
pas là mon nom; tu me l'avais donné; il me
flattait; je le portais avec plaisir; mais il faut que
tu saches qui je suis... je suis le Diable, mon cher
Alvare, je suis le Diable... »

En prononçant ce mot avec un accent d'une
douceur enchanteresse, elle fermait plus exactement le passage aux réponses que j'aurais voulu
lui faire. Dès que je pus rompre le silence : « Cesse,
lui dis-je, ma chère Biondetta, ou qui que tu sois,

de prononcer ce nom fatal et de me rappeler une erreur abjurée depuis longtemps. — Non, mon cher Alvare, non, ce n'était point une erreur ; j'ai dû te le faire croire, cher petit homme. Il fallait bien te tromper pour te rendre enfin raisonnable. Votre espèce échappe à la vérité ; ce n'est qu'en vous aveuglant qu'on peut vous rendre heureux. Ah ! tu le seras beaucoup si tu veux l'être ! je prétends te combler. Tu conviens déjà que je ne suis pas aussi dégoûtant que l'on me fait noir. »

Ce badinage achevait de me déconcerter. Je m'y refusais, et l'ivresse de mes sens aidait à ma distraction volontaire.

« Mais réponds-moi donc, me disait-elle. — Eh ! que voulez-vous que je réponde ?... — Ingrat, place la main sur ce cœur qui t'adore ; que le tien s'anime, s'il est possible, de la plus légère des émotions qui sont si sensibles dans le mien. Laisse couler dans tes veines un peu de cette flamme délicieuse par qui les miennes sont embrasées, adoucis, si tu le peux, le son de cette voix si propre à inspirer l'amour, et dont tu ne te sers que trop pour effrayer mon âme timide ; dis-moi enfin, s'il t'est possible, mais aussi tendrement que je l'éprouve pour toi : Mon cher Béelzébuth, je t'adore..... »

XVIII.

A ce nom fatal, quoique si tendrement prononcé, une frayeur mortelle me saisit ; l'étonnement, la stupeur, accablent mon âme ; je la croirais anéantie si la voix sourde du remords ne

criait pas au fond de mon cœur. Cependant, la révolte de mes sens subsiste d'autant plus impé-
rieusement, qu'elle ne peut être réprimée par la
raison. Elle me livre sans défense à mon ennemi :
il en abuse et me rend aisément sa conquête.

Il ne me donne pas le temps de revenir à moi,
de réfléchir sur la faute dont il est beaucoup plus
l'auteur que le complice. « Nos affaires sont ar-
rangées, me dit-il sans altérer sensiblement ce ton
de voix auquel il m'avait habitué. Tu es venu me
chercher : je t'ai suivi, servi, favorisé ; enfin, j'ai
fait ce que tu as voulu. Je désirais ta possession,
et il fallait, pour que j'y parvinsse, que tu me
fisses un libre abandon de toi-même. Sans doute,
je dois à quelques artifices la première complaisance ; quant à la seconde, je m'étais nommé ; tu
savais à qui tu te livrais, et ne saurais te prévaloir
de ton ignorance. Désormais, notre lien, Alvare,
est indissoluble ; mais pour cimenter notre société, il est important de nous mieux connaître.
Comme je te sais déjà presque par cœur, pour
rendre nos avantages réciproques, je dois me montrer à toi tel que je suis. »

On ne me donne pas le temps de réfléchir sur
cette harangue singulière : un coup de sifflet très-
aigu part à côté de moi. A l'instant l'obscurité qui
m'environne se dissipe ; la corniche qui surmonte
le lambris de la chambre s'est toute chargée de
gros limaçons ; leurs cornes, qu'ils font mouvoir
vivement et en manière de bascule, sont devenues
des jets de lumière phosphorique, dont l'éclat et
l'effet redoublent par l'agitation et l'allongement.

Presque ébloui par cette illumination subite,
je jette les yeux à côté de moi : au lieu d'une figure ravissante, que vois-je, ô ciel ! C'est l'effroyable tête de chameau. Elle articule d'une voix

de tonnerre ce ténébreux *Che vuoi?* qui m'avait
tant épouvanté dans la grotte, part d'un éclat de
rire humain plus effrayant encore, tire une langue
démesurée...

Je me précipite; je me cache sous le lit, les
yeux fermés, la face contre terre. Je sentais battre
mon cœur avec une force terrible; j'éprouvais un
suffoquement comme si j'allais perdre la respiration.

Je ne puis évaluer le temps que je comptais avoir
passé dans cette inexprimable situation, quand je
me sens tirer par le bras; mon épouvante s'ac-
croît; forcé néanmoins d'ouvrir les yeux, une lumière frappante les aveugle.

Ce n'était point celle des escargots; il n'y en
avait plus sur les corniches; mais le soleil me donnait d'aplomb sur le visage. On me tire encore par
le bras; on redouble; je reconnais Marcos.

« Eh! seigneur cavalier, me dit-il, à quelle
heure comptez-vous donc partir? Si vous voulez
arriver à Maravillas aujourd'hui, vous n'avez pas
de temps à perdre; il est près de midi. »

Je ne répondais pas; il m'examine : « Comment?
vous êtes resté tout habillé sur votre lit : vous y
avez donc passé quatorze heures sans vous éveiller! Il fallait que vous eussiez un grand besoin de
repos. Madame votre épouse s'en est doutée; c'est
sans doute dans la crainte de vous gêner qu'elle
a été passer la nuit avec une de mes tantes; mais
elle a été plus diligente que vous; par ses ordres,
dès le matin tout a été mis dans votre voiture, et
vous pouvez y monter. Quant à madame, vous ne
la trouverez pas ici : nous lui avons donné une
bonne mule; elle vous précède et doit vous attendre dans le premier village que vous rencontrerez
sur votre route. »

Marcos sort. Machinalement je me frotte les yeux, et passe les mains sur ma tête pour y trouver ce filet dont mes cheveux devaient être enveloppés...

Elle est nue, en désordre; ma cadenette est comme elle était la veille : la rosette y tient. « Dormirais-je? me dis-je alors. Ai-je dormi? serais-je assez heureux pour que tout n'eût été qu'un songe? Je lui ai vu éteindre la lumière.... Elle l'a éteinte.... La voilà.... »

Marcos rentre. « Si vous voulez prendre un repas, seigneur cavalier, il est préparé. Votre voiture est attelée. »

Je descends du lit : à peine puis-je me soutenir; mes jarrets plient sous moi. Je consens à prendre quelque nourriture, mais cela me devient impossible. Alors, voulant remercier le fermier et l'indemniser de la dépense que je lui ai occasionnée, il refuse.

« Madame, me répond-il, nous a satisfaits, et plus que noblement; vous et moi, seigneur cavalier, avons deux braves femmes. » A ce propos, sans rien répondre, je monte dans ma chaise; elle chemine.

Je ne peindrai point la confusion de mes pensées; elle était telle, que l'idée d'un danger dans lequel je devais trouver ma mère ne s'y retraçait que faiblement. Les yeux hébétés, la bouche béante, j'étais moins un homme qu'un automate.

Mon conducteur me réveille. « Seigneur cavalier, nous devons trouver madame dans ce village-ci. »

Je ne lui réponds rien. Nous traversions une espèce de bourgade; à chaque maison il s'informe si l'on n'a pas vu passer une jeune dame en tel et tel équipage. On lui répond qu'elle ne s'est point arrêtée. Il se retourne comme voulant lire sur mon visage mon inquiétude à ce sujet, et, s'il n'en sa-

vait pas plus que moi, je devais lui paraître bien
troublé.

Nous sommes hors du village, et je commence
à me flatter que l'objet actuel de mes frayeurs
s'est éloigné au moins pour quelque temps. « Ah ! si
je puis arriver, tomber aux genoux de dona Mencia, me dis-je à moi-même, si je puis me mettre
sous la sauvegarde de ma respectable mère, fantômes, monstres, qui vous êtes acharnés sur moi,
oserez-vous violer cet asile ? J'y retrouverai avec
les sentiments de la nature les principes salutaires
dont je m'étais écarté ; je m'en ferai un rempart
contre vous.

« Mais si les chagrins occasionnés par mes désordres m'ont privé de cet ange tutélaire... Ah ! je ne
veux vivre que pour la venger sur moi-même. Je
m'ensevelirai dans un cloître... Eh ! qui m'y déli-
vrera des chimères engendrées dans mon cerveau ?
Prenons l'état ecclésiastique. Sexe charmant, il
faut que je renonce à vous ; une larve infernale
s'est revêtue de toutes les grâces dont j'étais ido-
lâtre ; ce que je verrais en vous de plus touchant
me rappellerait... »

XIX.

Au milieu de ces réflexions, dans lesquelles
mon attention est concentrée, la voiture est
entrée dans la grande cour du château. J'entends
une voix : « C'est Alvare ! c'est mon fils ! » J'é-
lève la vue et reconnais ma mère sur le balcon de
son appartement.

Rien n'égale alors la douceur, la vivacité du sen-

timent que j'éprouve. Mon âme semble renaître ;
mes forces se raniment toutes à la fois, je me précipite, je vole dans les bras qui m'attendent. Je
me prosterne. « Ah ! m'écriai-je les yeux baignés de
pleurs, la voix entrecoupée de sanglots, ma mère !
ma mère ! je ne suis donc pas votre assassin ? Me
reconnaîtrez-vous pour votre fils ? Ah ! ma mère,
vous m'embrassez... »

La passion qui me transporte, la véhémence de
mon action, ont tellement altéré mes traits et le
son de ma voix, que donna Mencia en conçoit de
l'inquiétude. Elle me relève avec bonté, m'em-
brasse de nouveau, me force de m'asseoir. Je voulais parler : cela m'était impossible ; je me jetais
sur ses mains en les baignant de larmes, en les
couvrant des caresses les plus emportées.

Dona Mencia me considère d'un air d'étonnement ; elle suppose qu'il doit m'être arrivé quelque chose d'extraordinaire ; elle appréhende même
quelque dérangement dans ma raison. Tandis que
son inquiétude, sa curiosité, sa bonté, sa tendresse, se peignent dans ses complaisances et dans
ses regards, sa prévoyance a fait rassembler sous
ma main ce qui peut soulager les besoins d'un
voyageur fatigué par une route longue et pénible.

Les domestiques s'empressent à me servir. Je
mouille mes lèvres par complaisance ; mes regards
distraits cherchent mon frère ; alarmé de ne le pas
voir : « Madame, dis-je, où est l'estimable don
Juan ? — Il sera bien aise de savoir que vous êtes
ici, puisqu'il vous avait écrit de vous y rendre ;
mais comme ses lettres, datées de Madrid, ne peuvent être parties que depuis quelques jours, nous
ne vous attendions pas si tôt. Vous êtes colonel
du régiment qu'il avait, et le roi vient de le nommer à une vice-royauté dans les Indes. — Ciel !

m'écriai-je. Tout serait-il faux dans le songe affreux que je viens de faire? Mais il est impossible...
— De quel songe parlez-vous, Alvare?... — Du
plus long, du plus étonnant, du plus effrayant que
l'on puisse faire. » Alors, surmontant l'orgueil et
la honte, je lui fais le détail de ce qui m'était arrivé depuis mon entrée dans la grotte de Portici,
jusqu'au moment heureux où j'avais pu embrasser ses genoux.

Cette femme respectable m'écoute avec une attention, une patience, une bonté extraordinaires.
Comme je connaissais l'étendue de ma faute, elle
vit qu'il était inutile de me l'exagérer.

« Mon cher fils, vous avez couru après les mensonges, et, dès le moment même, vous en avez
été environné. Jugez-en par la nouvelle de mon
indisposition et du courroux de votre frère aîné.
Berthe, à qui vous avez cru parler, est depuis quelque temps détenue au lit par une infirmité. Je ne
songeai jamais à vous envoyer deux cents sequins
au delà de votre pension. J'aurais craint, ou d'entretenir vos désordres, ou de vous y plonger par
une libéralité mal entendue. L'honnête écuyer
Pimientos est mort depuis huit mois. Et sur dix-
huit cents clochers que possède peut-être M. le
duc de Medina-Sidonia dans toutes les Espagnes,
il n'a pas un pouce de terre à l'endroit que vous
désignez; je le connais parfaitement, et vous aurez rêvé cette ferme et tous ses habitants. — Ah!
Madame, repris-je, le muletier qui m'amène a vu
cela comme moi. Il a dansé à la noce. »

Ma mère ordonne qu'on fasse venir le muletier; mais il a dételé en arrivant, sans demander
son salaire.

Cette fuite précipitée, qui ne laissait point de
traces, jeta ma mère en quelques soupçons. « Nu-

gnès, dit-elle à un page qui traversait l'appartement, allez dire au vénérable don Quebracuernos
que mon fils Alvare et moi l'attendons ici.

« C'est, poursuivit-elle, un docteur de Salamanque; il a ma confiance et la mérite; vous pouvez
lui donner la vôtre. Il y a dans la fin de votre rêve
une particularité qui m'embarrasse; don Quebracuernos connaît les termes, et définira ces choses
beaucoup mieux que moi. »

Le vénérable docteur ne se fit pas attendre; il
imposait, même avant de parler, par la gravité de
son maintien. Ma mère me fit recommencer devant
lui l'aveu sincère de mon étourderie et des suites
qu'elle avait eues. Il m'écoutait avec une attention
mêlée d'étonnement et sans m'interrompre. Lorsque j'eus achevé, après s'être un peu recueilli, il
prit la parole en ces termes :

« Certainement, seigneur Alvare, vous venez
d'échapper au plus grand péril auquel un homme
puisse être exposé par sa faute. Vous avez pro-
voqué l'esprit malin et lui avez fourni, par une
suite d'imprudences, tous les déguisements dont
il avait besoin pour parvenir à vous tromper et à
vous perdre. Votre aventure est bien extraordinaire; je n'ai rien lu de semblable dans la *Démo-
nomanie* de Bodin, ni dans le *Monde enchanté* de
Bekker, et il faut convenir que, depuis que ces
grands hommes ont écrit, notre ennemi s'est pro-
digieusement raffiné sur la manière de former ses
attaques, en profitant des ruses que les hommes
du siècle emploient réciproquement pour se corrompre. Il copie la nature fidèlement et avec choix;
il emploie la ressource des talents aimables, donne
des fêtes bien entendues, fait parler aux passions
leur séduisant langage; il imite même jusqu'à un
certain point la vertu. Cela m'ouvre les yeux sur

beaucoup de choses qui se passent; je vois d'ici
bien des grottes plus dangereuses que celles de
Portici, et une multitude d'obsédés, qui malheu-
reusement ne se doutent pas de l'être. A votre
égard, en prenant des précautions sages pour le
présent et pour l'avenir, je vous crois entièrement
délivré. Votre ennemi s'est retiré, cela n'est pas
équivoque. Il vous a séduit, il est vrai, mais il n'a
pu parvenir à vous corrompre; vos intentions,
vos remords, vous ont préservé à l'aide des secours extraordinaires que vous avez reçus; ainsi
son prétendu triomphe et votre défaite n'ont été
pour vous et pour lui qu'une illusion dont le repentir achèvera de vous laver. Quant à lui, une
retraite forcée a été son partage; mais admirez
comme il a su la couvrir, et laisser en partant le
trouble dans votre esprit et des intelligences dans
votre cœur pour pouvoir renouveler l'attaque, si
vous lui en fournissez l'occasion. Après vous avoir
ébloui autant que vous avez voulu l'être, contraint
de se montrer à vous dans dans toute sa diffor-
mité, il obéit en esclave qui prémédite la révolte;
il ne veut vous laisser aucune idée raisonnable et
distincte, mêlant le grotesque au terrible, le puéril
de ses escargots lumineux à la découverte effrayante
de son horrible tête, enfin le mensonge à la vérité, le repos à la veille, de manière que votre
esprit confus ne distingue rien, et que vous puissiez croire que la vision qui vous a frappé était
moins l'effet de sa malice qu'un rêve occasionné
par les vapeurs de votre cerveau; mais il a soigneusement isolé l'idée de ce fantône agréable
dont il s'est long-temps servi pour vous égarer;
il la rapprochera si vous le lui rendez possible. Je
ne crois pas cependant que la barrière du cloître,
ou de notre état, soit celle que vous deviez lui

opposer. Votre vocation n'est point assez décidée ;
les gens instruits par leur expérience sont nécessaires dans le monde. Croyez-moi, formez des
liens légitimes avec une personne du sexe ; que
votre respectable mère préside à votre choix, et
dût celle que vous tiendrez de sa main avoir des
grâces et des talents célestes, vous ne serez jamais
tenté de la prendre pour le Diable. »

ÉPILOGUE

DU

DIABLE AMOUREUX

LORSQUE la première édition du *Diable amou-reux* parut, ses lecteurs en trouvèrent le dénoûment trop brusque. Le plus grand nombre eût désiré que le héros tombât dans un piége couvert d'assez de fleurs pour qu'elles pussent lui sauver le désagrément de la chute. Enfin, l'imagination leur semblait avoir abandonné l'auteur, parvenu aux trois quarts de sa petite carrière; alors la vanité, qui ne veut rien perdre, suggéra à celui-ci, pour se venger du reproche de stérilité et justifier son propre goût, de réciter aux personnes de sa connaissance le roman en entier tel qu'il l'avait conçu dans le premier feu. Alvare y devenait la dupe de son ennemi, et l'ouvrage alors, divisé en deux parties, se terminait dans la première par cette fâcheuse catastrophe, dont la seconde partie développait les suites; d'obsédé qu'il était, Alvare, devenu possédé, n'était plus qu'un instrument entre les mains du Diable, dont celui-ci se servait pour mettre le désordre partout. Le canevas de cette seconde partie, en donnant beaucoup d'essor à l'imagination, ouvrait la carrière la plus étendue à la critique, au sarcasme, à la licence.

Sur ce récit, les avis se partagèrent : les uns prétendirent qu'on devait conduire Alvare jusqu'à la chute inclusivement, et s'arrêter là ; les autres qu'on ne devait pas en retrancher les conséquences.

On a cherché à concilier les idées des critiques dans cette nouvelle édition. Alvare y est dupe jusqu'à un certain point, mais sans être victime ; son adversaire, pour le tromper, est réduit à se montrer honnête et presque prude, ce qui détruit les effets de son propre système, et rend son succès incomplet. Enfin, il arrive à sa victime ce qui pourrait arriver à un galant homme séduit par les plus honnêtes apparences ; il aurait sans doute fait de certaines pertes, mais il sauverait l'honneur, si les circonstances de son aventure étaient connues.

On pressentira aisément les raisons qui ont fait supprimer la deuxième partie de l'ouvrage : si elle était susceptible d'une certaine espèce de comique aisé, piquant quoique forcé, elle présentait des idées noires, et il n'en faut pas offrir de cette espèce à une nation de qui l'on peut dire que, si le rire est un caractère distinctif de l'homme comme animal, c'est chez elle qu'il est le plus agréablement marqué. Elle n'a pas moins de grâces dans l'attendrissement ; mais, soit qu'on l'amuse ou qu'on l'intéresse, il faut ménager son beau naturel, et lui épargner les convulsions.

Le petit ouvrage que l'on donne aujourd'hui réimprimé et augmenté, quoique peu important, a eu dans le principe des motifs raisonnables, et son origine est assez noble pour qu'on ne doive

en parler ici qu'avec les plus grands ménagements.
Il fut inspiré par la lecture du passage d'un auteur
infiniment respectable, dans lequel il est parlé des
ruses que peut employer le Démon quand il veut
plaire et séduire. On les a rassemblées, autant
qu'on a pu le faire, dans une allégorie où les
principes sont aux prises avec les passions : l'âme
est le champ de bataille ; la curiosité engage l'action ; l'allégorie est double, et les lecteurs s'en
apercevront aisément.

On ne poursuivra pas l'explication plus loin :
on se souvient qu'à vingt-cinq ans, en parcourant
l'édition complète des œuvres du Tasse, on tomba
sur un volume qui ne contenait que l'éclaircisse-
ment des allégories renfermées dans la *Jérusalem
délivrée*. On se garda bien de l'ouvrir. On était
amoureux passionné d'Armide, d'Herminie, de
Clorinde : on perdait des chimères trop agréables
si ces princesses étaient réduites à n'être que de
simples emblèmes.

LE

DÉMON MARIÉ

PAR MACHIAVEL

Le conte qui suit parut pour la première fois, en italien, à Rome, en 1545, dans un recueil intitulé *Rime et prose*, publié par Giov. Brevio. Bien qu'on l'ait quelquefois attribué à l'éditeur de ce recueil, il paraît certain que Machiavel en est l'auteur. Il fut traduit en français par Tanneguy Lefebvre, qui le fit imprimer à Saumur, en 1664, in-12. sous le titre de *Mariage de Belfegor*, à la suite de ses *Vies des Poètes grecs*. Cette traduction, qui a été réimprimée en 1748, sous le titre qu'elle porte ici, est celle que nous reproduisons.

Nous croyons inutile de rappeler que ce conte a été mis en vers par La Fontaine.

LE

DÉMON MARIÉ

On trouve parmi les anciennes annales de Florence une histoire à laquelle on a d'abord assez de peine à ajouter foi ; mais les circonstances en sont si notables et si pressantes, que l'esprit est enfin contraint de s'y rendre, car les personnes et les familles y sont nommées, et quelques-unes sont encore présentement si considérables, qu'on n'aurait pas osé les comprendre en cette relation, si elle n'était fort authentique ; et l'histoire en serait périe avec le temps si la vérité ne l'avait défendue contre l'oubli. Un homme de probité de cette ville-là (je ne feindrai point de dire que c'est le fameux Machiavel) en a laissé des mémoires qu'il dit avoir reçus de Rodéric même, qui est le héros de la pièce.

Il dit donc que du temps que Florence était une république, une infinité de gens allaient en enfer pour être morts en péché mortel, et qu'à leur entrée dans ce malheureux séjour, presque tous se plaignaient qu'ils n'étaient tombés en ce malheur que pour avoir épousé des femmes insupportables ; que les juges infernaux en étaient fort étonnés, et qu'ils ne pouvaient qu'à peine croire que

la malignité des femmes fût si grande et que l'accusation en fût véritable. Mais comme depuis longtemps on ne leur disait autre chose, et que presque
tous les damnés s'accordaient dans cette accusation,
ils en firent leur rapport à Lucifer, qui jugea que
la chose était digne d'en faire information ; il voulut être éclairci de la vérité, et pour cet effet, ayant
sur-le-champ assemblé son conseil, il leur dit ces
paroles :

« Messieurs, encore que ma puissance soit ab-
solue et arbitraire dans ce royaume sombre, et
que je ne sois obligé par aucune loi ni coutume
de prendre sur mes affaires l'avis de personne, néanmoins, comme il y a plus de sagesse à prendre
conseil qu'à le négliger, je vous ai fait venir pour
prendre vos sentiments sur une chose que je
trouve très-importante, et qui pourrait procurer
quelque blâme à mon gouvernement si je la laissais passer sans en découvrir la vérité. Tous les
hommes qui viennent ici ne se plaignent que de
leurs femmes; ils les accusent constamment d'ê-
tre la seule cause de leur perte Cela me paraît
impossible ; mais pourtant je crains, d'une part, de
passer pour ridicule en accordant ma créance à
ce rapport, et, d'autre part, d'être blâmé de négligence si je ne m'en informe à fond et diligemment.
Dites-moi donc, je vous prie, ce que vous pensez
que je doive faire en cette occasion. »

La chose parut à tous de conséquence, et ils
convinrent d'abord qu'il fallait par tous moyens
découvrir si les plaintes des hommes mécontents
de leurs mariages étaient fondées sur la vérité;
mais ils ne furent pas d'accord sur les mesures
qu'il fallait prendre pour n'y être pas trompé. Les
uns opinèrent qu'il fallait envoyer sur la terre un
démon en forme humaine, qui connût par lui-

même du fait pour en faire ensuite son rapport ;
les autres disaient qu'on pourrait savoir la chose
sans se mettre si fort en frais, et qu'il n'y avait
qu'à redoubler la torture à plusieurs âmes de différentes espèces, pour leur faire avouer la vérité.
Cet avis trop cruel fut rejeté, parce qu'on assura
que les tourments étaient une mauvaise voie pour
savoir la vérité, et qu'au contraire ils faisaient
toujours mentir : ceux qui ne pouvaient les souffrir,
pour s'en délivrer, et ceux qui étaient assez forts
pour les endurer, par la gloire qui flattait leur
orgueil d'avoir résisté aux plus rudes peines ; mais
on ajouta que, s'il s'agissait de tirer de l'âme d'une
femme damnée la vérité par force de tourments,
on y perdrait sa peine, vu que son obstination à
résister à son devoir, étant déjà invincible durant
sa vie, se trouverait encore confirmée et endur-
cie en enfer. C'est pourquoi il fut résolu, à la
pluralité des voix, qu'on députerait un de la troupe
en l'autre monde, pour y voir de ses propres yeux
la vérité de ce qui s'y passait.

Mais personne ne s'offrant pour cet emploi, on
tira au sort, et il tomba sur Belfégor, l'un des principaux ministres de cette cour, et qui, d'archange
avant sa chute du ciel, était devenu archidiable. Il
ne prit cette commission qu'à regret ; mais il fut
contraint d'obéir, et s'engagea à pratiquer et faire
exactement tout ce qui avait été résolu dans le conseil. Il avait été ordonné que celui qui serait dé-
puté recevrait du trésor cent mille ducats pour
aller sur la terre en forme humaine, et qu'étant
là il prendrait une femme, avec laquelle il serait
obligé de tenir ménage durant dix ans, au bout
desquels, feignant de mourir, il abandonnerait son
corps et viendrait rendre compte à ses supérieurs
de l'expérience qu'il aurait faite des fatigues et

des peines du mariage. On lui déclara encore que
pendant tout ce temps il serait soumis à toutes les
disgrâces, à toutes les passions et à toutes les faiblesses d'esprit auxquelles les mortels sont sujets,
même à l'ignorance, à la pauvreté et à la perte de
la liberté, à moins qu'il ne s'en sût défendre par
la force ou par adresse. Belfégor vint en ce monde
ayant accepté ces conditions et reçu l'argent, et
s'étant promptement mis en équipage, il arriva à
Florence avec une suite magnifique. Il y fut reçu
avec beaucoup de courtoisie, et il y établit son
domicile par préférence à toutes les autres villes
de la terre, comme celle qu'il jugea plus propre
à faire valoir son argent et où l'usure se pratique
le mieux. Il se fit appeler Rodéric de Castille, et
se logea près du bourg de Tous les Saints; et afin
qu'on ne s'arrêtât pas à s'informer plus amplement
de sa qualité, il déclara qu'il était Espagnol, d'une
naissance assez médiocre; mais qu'ayant voyagé
en Syrie, il avait négocié dans la ville d'Alep, où
il avait gagné tout son bien, et que, s'étant voulu
retirer, il était venu en Italie, résolu de s'y établir
et de s'y marier, comme étant un pays plus poli
que l'Asie et plus conforme à son humeur. Comme
il s'était fait un corps à sa manière, il était beau et
de bonne mine ; il paraissait être à la fleur de son
âge ; et ayant dans peu de jours fait connaissance
avec les principaux de la ville et fait montre de
ses richesses et de sa libéralité, témoignant à tout
le monde une extrême honnêteté et une grande
douceur, plusieurs des nobles qui avaient peu de
biens et beaucoup d'enfants s'empressèrent de le
caresser et de rechercher son alliance; mais il
préféra à toutes les autres femmes Honorie, fille
d'Améric Donati, une des plus belles de Florence,
et qu'il crut mieux lui convenir.

Le seigneur Donati était sans doute d'une très-noble famille, et fort considéré dans sa ville; mais, ayant encore trois autres filles, aussi prêtes à marier que leur aînée, et trois fils hommes faits, on peut dire qu'il était très-pauvre par rapport à sa qualité et au rang qu'il était obligé de tenir, et par sa nombreuse famille.

Rodéric n'oublia rien pour rendre ses noces pompeuses et magnifiques; tout y fut éclatant et splendide, et la fête en fut très-galante; et comme, suivant la loi à lui imposée, il devait être sujet à toutes les passions des hommes, il eut l'ambition de rechercher les honneurs et les applaudissements publics. Il était avide de louanges; il aimait le faste, et cette passion lui fit faire de grandes dépenses. D'autre part, il prit tant d'amour pour Honorie, qu'il ne pouvait vivre sans elle, et s'il la voyait triste ou mécontente, c'était assez pour le désespérer. Elle avait porté dans la maison de son mari, avec sa noblesse et sa beauté, un orgueil si insolent, que celui de Lucifer même n'était rien en comparaison; et Rodéric, qui avait éprouvé l'un et l'autre, trouvait que celui de sa femme l'emportait de beaucoup; mais cet orgueil alla bien plus loin quand elle s'aperçut que Rodéric l'aimait éperdument: elle se mit en tête de le gouverner absolument, et de se donner une autorité sans mesure; elle lui commandait donc de faire les choses les plus difficiles, ou de s'abstenir des plus agréables; et sans avoir ni compassion ni respect pour lui, s'il s'avisait de lui refuser quoi que ce fût, elle l'accablait d'injures et d'outrages, à quoi elle joignait un mépris si déclaré que le pauvre diable en mourait de chagrin.

Ce ne fut pas tout: pour le gourmander davantage, elle feignit d'en être jalouse; mais la feinte

dura peu, parce qu'elle le devint tout de bon. Rodéric était assez solitaire; il sortait peu, méprisant
les divertissements vulgaires, auxquels il préférait
l'étude et la lecture; il était officieux, et, s'intri-
guant dans les affaires de ses amis, il accommo-
dait leurs différends et leur donnait de bons conseils pour finir leurs procès. On pouvait dire de lui,
sans mentir, que c'était un bon diable.

Cette conduite attirait chez lui force gens de
toutes qualités et de tout sexe; il y venait des
veuves, il y venait des religieux, il y venait des
gens d'affaires. Honorie était incessamment aux
écoutes, voulant savoir tout ce qui se passait; elle
avait même fait percer la porte du cabinet de Rodéric, afin de voir ceux ou celles qui conversaient
avec lui; mais le trou en était presque impercep-
tible; il n'était su que d'elle. Par cet endroit elle
pouvait entrevoir ce qui se passait, ou entendre
quelque chose des conversations, qu'elle tournait
toujours en mauvaise part, quelque innocentes
qu'elles fussent; et, non contente de cette imper-
tinente curiosité, qu'on ne saurait trop condamner
en une femme, elle avait l'impudence de déclarer
à son mari qu'elle avait vu et ouï tout ce qu'il
avait fait, tout ce qu'il avait dit, et de lui faire là-
dessus son procès sans miséricorde, sans vouloir
écouter ses raisons; et plus le bonhomme s'effor-
çait de se justifier, plus elle le déclarait coupable,
abusant ainsi de sa bonne foi et de sa patience.

Comme il est difficile qu'en écoutant de la sorte
on puisse bien entendre tout ce qui se dit et connaître l'intention de ceux qui parlent, Honorie
en soupçonnait plus qu'elle n'en comprenait; et
comme son mauvais naturel la portait à de mali-
cieuses explications, elle crut tout de bon que son
mari manquait à la foi conjugale, ce qu'elle crut

encore avoir reconnu à d'autres marques; mais ne
sachant à qui appliquer ses soupçons, elle mit
toute son étude à découvrir les intrigues mari-
tales, et n'y épargna ni soin ni dépense. Pour cet
effet elle tâcha de gagner tous les domestiques
pour observer Rodéric, et disposa même un de
ses frères pour l'accompagner partout, sous prétexte de lui faire honneur, afin qu'il ne pût faire
un pas ni un mouvement dont elle ne fût informée.

Le frère ni les domestiques ne purent jamais
rien découvrir de ce qu'elle souhaitait; la conduite de Rodéric était sage, et il se comporta toujours si honnêtement en leur présence, qu'ils ne
purent se dispenser d'en faire de louables rap-
ports. Les démons sont chastes naturellement, et
celui-ci, quoique soumis aux passions humaines,
n'eut jamais de faible du côté de l'amour que pour
sa femme. Honorie ne fut pas satisfaite du rapport
de son frère, ni de celui des domestiques; elle
crut qu'ils étaient négligents ou gagnés par son
mari : cela fut cause qu'elle rompit avec ce frère,
et qu'elle chassa tous les domestiques, en la présence même de Rodéric, qui n'eut jamais la force
de révoquer ce bannissement, quoique injuste, et
que, parmi les domestiques, il s'en trouvât de
bons et de fidèles, tant il craignait d'irriter cette
femme, qui le bravait impunément. Les démons
mêmes qu'il avait amenés avec lui pour le servir
en forme humaine, comme domestiques affidés,
furent si mal traités et si longtemps, qu'ils quit-
tèrent comme les autres, et aimèrent mieux retourner en enfer que de demeurer avec elle. Le
changement de domestiques donna lieu à d'autres
ombrages et à d'autres querelles, si l'on peut appeler ainsi une persécution où la femme insultait

incessamment, et le mari souffrait tout sans rien
dire. Elle voulut gagner à elle le monde nouveau
qu'elle avait fait; la première leçon qu'elle leur
donnait était d'être toujours de son parti contre
son mari, de ne rien faire de ce qu'il comman-
derait sans qu'elle l'eût examiné et permis, et de
prendre garde à ses déportements, dont elle voulait être informée sur-le-champ, à peine d'être
chassés. C'était autant d'espions qu'elle voulait
avoir auprès de ce pauvre mari, dont elle disait
tout le mal qu'elle pouvait, se plaignant toujours
et n'étant contente d'aucune démarche qu'il pût
faire.

Les domestiques, prévenus contre Rodéric, em-
ployaient les premiers jours à observer sa conduite, en laquelle ne voyant rien que d'honnête
et de raisonnable, les plus sages n'en faisaient aucun rapport à Honorie qui ne fût à sa louange;
cela ne lui plaisait pas, et lui donnait lieu de les
quereller premièrement, et quelquefois de les
battre de ses propres mains, et ensuite de les
chasser honteusement et avec scandale, les accu-
sant ouvertement, quoique faussement, ou de
larcin ou de débauche, et en secret d'être du parti
de son mari, qui les avait gagnés, ce qu'elle appelait être du mauvais parti et du plus faible.

Les serviteurs ou servantes qui valaient le moins
étaient caressés pourvu qu'ils applaudissent à la
dame et qu'ils entrassent dans ses sentiments,
méprisant Rodéric, et disant du mal de lui; elle
les y forçait même souvent, et d'avouer des choses qu'ils ne savaient pas, comme s'ils les eussent
vues, à peine d'être chassés comme les premiers;
et l'artificieuse femme, qui voulait justifier ses
violences et son orgueil auprès de ses parents et
de ses amis, appelait en témoignage devant eux

ces serviteurs corrompus, qui blâmaient la conduite de Rodéric et donnaient gain de cause à sa
femme. Ces gens ne manquaient pas de se prévaloir des folies de la femme et de la patience du
mari; ils volaient impunément l'un et l'autre, et
dissipaient leur bien avec fureur. Honorie, s'en
apercevant enfin, était contrainte de changer encore de domestiques, et cela arriva si souvent,
qu'en une seule année elle eut plus de cinquante
femmes de chambre différentes, les unes après les
autres, dont les plus vertueuses méritaient le
fouet par les mains du bourreau.

Honorie n'en demeura pas là : elle voulut jouer
et recevoir des joueurs chez elle; il en vint beaucoup de tout sexe, de toute âge et de toutes qualités; le bon accueil qu'elle leur fit, et son peu
d'adresse au jeu, les attira. Elle perdait presque
toujours, et souvent de grosses sommes; à cela
elle joignait de fréquents cadeaux et des repas
magnifiques, ce qui consuma beaucoup au pauvre Rodéric, car ses revenus n'y suffisaient pas.
Sa patience fut encore la même sur ce chapitre;
il n'en osait rien témoigner, et s'il lui échappait
d'en toucher quelque chose dans leur conversation particulière, c'était une querelle aussi forte
que sur le chapitre de la jalousie. « Quoi! disait
Honorie, blâmer mon jeu, qui m'attire tant d'honnêtes gens, et où je gagne beaucoup! Veut-il donc
me traiter en petite bourgeoise et me renfermer
dans une chambre noire? Ce divertissement innocent, dont je ne me soucie, ne l'admettant que par
complaisance, empêche-t-il que je ne veille sur
ma famille et sur les affaires domestiques? Trou-
vera-t-on une maison à Florence mieux réglée que
la nôtre, et où toutes chose soient mieux en ordre, et le tout par mes soins? Aimerait-il mieux

que je fisse l'amour comme telle et telle (notam-
ment plusieurs dames de sa ville, plus honnêtes
qu'elle, et dont néanmoins elle déchirait impi-
toyablement la réputation)? » C'est l'humeur des
joueuses, lesquelles, pour élever leur conduite
sur celle des femmes qui sont assez sages pour
n'aimer pas le jeu, les accusent de galanterie, leur
maxime étant qu'*une femme doit jouer ou faire
l'amour*. Mais celles qui étaient les plus maltraitées
par Honorie étaient les amies de Rodéric : car la
jalousie, se joignant à l'inclination maligne de mé-
dire, ajoutait à leur égard tout ce que la fureur
lui pouvait inspirer. Elle n'épargnait pas même
ses proches parentes qui croyaient devoir quelque affection et de la confiance à Rodéric, à cause
de l'alliance ; c'était contre celles-là qu'elle se dé-
chaînait davantage. Un jour qu'étant à table avec
son mari, elle avait entamé cette matière avec tant
de véhémence, et qu'elle parlait contre une de ses
parentes comme une dissolue et qui n'avait nulle
pudeur, avec des circonstances, lesquelles, bien
que fausses et inventées, ne laissaient pas de faire
horreur : « Mais, Madame, lui dit son mari, peut-
on penser ce que vous dites de son prochain, sans
en avoir aucune preuve? Est-ce par votre expérience que vous jugez si mal de la vertu de votre
sexe? On ne devrait soupçonner autrui que des
faiblesses dont on est capable : pensez-vous que
Dieu vous ait favorisée d'un privilége spécial? Et
quand vous voulez qu'on le croie prodigue de
chasteté envers vous, est-il à présumer qu'il en
soit avare envers les autres femmes? » Honorie,
révoquant à injure ce qu'on venait de lui dire,
s'échappa contre son mari d'une force à perdre
toute considération; elle lui dit qu'il soutenait
toujours le mauvais parti; que c'était une preuve

qu'il aimait la débauche, et qu'il avait de mauvaises habitudes avec celle dont elle avait parlé;
qu'elle les ferait repentir tous deux; qu'elle pu-
blierait partout leur commerce. Et Rodéric, ne
pouvant plus souffrir que l'innocence de cette
dame fût plus longtemps outragée, la pria de se
taire, et d'un ton ferme ajouta que la vertu de
la dame était sans reproche; qu'il n'endurerait
pas qu'elle fût ainsi maltraitée par le poison de la
médisance; qu'elle valait plus qu'Honorie, laquelle
il croyait elle-même si faible, que, si sa vertu n'é-
tait à l'abri de son peu de mérite, son honneur
serait de longtemps plus ébranlé que de raison;
qu'elle était un tyran sans miséricorde, qui exigeait un tribut de patience des gens qui lui en
devaient le moins. Il n'en fallait pas tant pour
porter la fureur de cette femme jusqu'au dernier
excès : elle leva la main contre son mari, qui
évita le coup; mais elle lui jeta certain meuble
par la tête qui l'atteignit un peu. Il ne put endurer cette dernière insulte sans repousser l'injure, et il allait se venger, peut-être assez rude-
ment, lorsqu'un voisin, qui vivait familièrement
avec eux, survint inopinément. Rodéric s'arrêta
à sa vue, et fit même signe à Honorie de se taire;
mais c'était le moyen de la faire crier davantage.
Elle déclama de nouveau contre son mari; elle
l'accusa de l'avoir battue; elle inventa mille faus-
setés pour le décrier, et enfin elle ne se tut qu'à
faute d'haleine, qui lui manqua plutôt que sa rage,
et qui la fit retirer.

Ce voisin officieux n'approuva pas ces cla-
meur ; mais, ne pouvant s'empêcher de croire
quelque chose de ce qu'elle avait supposé, il entra
dans ses intérêts et disposa aisément Rodéric à la
paix, de peur du scandale, qu'il craignait, et qui

aurait infailliblement suivi une aventure aussi
surprenante.

Honorie ne fut pas si traitable ni si timide; elle
aimait à scandaliser son mari et à le traduire en
ridicule; elle en vint à bout, et dans peu de temps
tout le quartier se divertit de cette querelle, plaignant la femme, qu'on supposait avoir été battue,
et blâmant Rodéric d'avoir osé la frapper.

Il y eut pourtant enfin quelque réconciliation,
et Rodéric, agissant de bonne foi, en usa selon
sa coutume, c'est-à-dire comme le meilleur mari
du monde, souffrant tout et ne disant rien. Cette
méchante femme en abusa plus que jamais, et résolut de s'enrichir avec ses parents aux dépens du
bon homme.

Elle commença par lui enlever toutes ses pierreries et sa vaisselle d'argent; après cela elle divertit ses meubles les plus précieux, dont il ne
savait ni le nombre ni l'importance; et enfin, le
flattant pour le mieux tromper, elle lui inspira de
fournir à deux de ses frères les moyens d'entreprendre un grand commerce sur mer, lequel
n'est pas défendu à la noblesse de Florence; elle
lui fit entendre qu'il serait cause de leur fortune,
et qu'il augmenterait en même temps la sienne,
puisqu'il aurait part au profit. Elle l'obligea encore à fournir à ses sœurs de quoi les marier,
alléguant que son père, qui n'avait pas trop de
bien, ne pouvait pas se résoudre à les doter durant sa vie, de crainte de manquer des choses
nécessaires à sa subsistance; mais que Rodéric
trouverait après sa mort de quoi se dédommager avantageusement de ses avances, et que ce
n'était qu'un argent prêté, qui serait fidèlement
rendu.

Les deux frères furent pareillement mis en état

de trafiquer sur mer; il leur équipa à chacun un
vaisseau, et chargea sur l'un et sur l'autre de
riches marchandises : le premier fut dépêché au
Levant, et l'autre vers le Ponent, et ce fut là
principalement que la meilleure partie de son bien
fut employée.

Cependant Honorie ne rabattait rien de son
orgueil et de sa vanité ordinaires; elle changeait
de meubles et d'habits plus de douze fois l'année;
ce n'était que festins et que régals chez lui, mais
particulièrement au temps du carnaval, et aux
fêtes qu'on célèbre à Florence en l'honneur de
saint Jean-Baptiste, lorsque tout le monde, et
surtout les gens de qualité et les riches, font des
dépenses considérables à régaler leurs amis. Honorie voulait surpasser tous les autres en magnificence, et par conséquent en dépense, ce qui le
consuma peu à peu; mais il aurait trouvé en
cela moins d'amertume s'il avait pu avoir une paix
domestique et attendre en repos le temps de sa
décadence, ce que Honorie lui refusa toujours,
devenant de plus en plus insupportable et intrai-
table.

Il passa ainsi environ une année, à la fin de laquelle, se trouvant n'avoir de reste de ses cent
mille écus que la seule espérance du retour des
vaisseaux qu'il avait envoyés sur les deux mers,
il fut réduit à prendre de l'argent à intérêt sur son
crédit, qui était grand, pour soutenir son train et
sa dépense; et il tarda peu à faire remarquer qu'il
empruntait, et qu'il était endetté, par l'emploi
qu'il donnait tout à la fois à plusieurs gens de
change afin de lui trouver de l'argent. Il commençait à perdre son crédit, lorsqu'un jour il lui
vint des nouvelles sûres que l'un des frères de
son honnête épouse avait joué et perdu toute la

valeur de son vaisseau, et que l'autre, revenant
de son voyage avec un vaisseau richement chargé
sans l'avoir fait assurer, avait péri avec tout son
bien par son naufrage. Ces malheureuses nouvelles ne furent pas plutôt sues, que les créanciers de Rodéric s'assemblèrent pour veiller à
leurs intérêts; et, ne doutant point qu'il ne fît
banqueroute, ils convinrent qu'il fallait l'observer
pour empêcher qu'il ne prît la fuite, n'osant encore l'arrêter, parce que le terme de leur payement n'était pas encore venu. Rodéric, d'autre
part, ne trouvant point de remède à ses malheurs,
et pensant à l'engagement qu'il avait pris de demeurer dix ans sur la terre, se désespérait presque à voir seulement de loin la figure qu'il allait
faire durant un si long temps, accompagné de la
pauvreté, de l'infamie, et d'une femme encore
pire que l'une et l'autre. Il résolut enfin de prendre la fuite, et un jour, de grand matin, étant monté
à cheval, comme il faisait quelquefois, et sa maison étant près de la porte Prado, il sortit de la
ville par cette porte. Ses créanciers en furent bientôt avertis, et, ayant sur-le-champ recouru aux
magistrats pour avoir permission de le poursuivre
et de le ramener, ils coururent après, la plupart
n'ayant pas eu le temps de monter à cheval. Rodéric n'avait pas fait encore une lieue, lorsque
d'une éminence il aperçut le monde qui venait
après lui; il se crut, dès lors, perdu s'il suivait le
grand chemin : il résolut donc de le quitter, et
de cacher sa fuite au travers des campagnes; mais,
comme le terrain était coupé par plusieurs fossés
que son cheval n'aurait pu franchir, il le quitta,
et, s'étant mis à pied, il s'écarta dans les vignes et
en d'autres endroits couverts; et, après un assez
long chemin, sans être aperçu de ses créanciers,

il arriva enfin dans la maison de Jean Mathieu de
Brica, au-dessus de Pertole, qu'il trouva heureusement dans sa cour. Ce Jean Mathieu était fermier de Jean Delbène, Florentin; il donnait à
manger à ses bœufs, qui revenaient du labourage.
Rodéric lui demanda retraite, disant qu'il était
poursuivi par ses ennemis, qui voulaient le faire
mourir en prison; mais que, s'il voulait lui aider
à sauver sa vie et sa liberté, il le ferait riche pour
jamais, et que devant que quitter sa maison il en
aurait des preuves certaines; et que, s'il y manquait, il consentait que Jean Mathieu lui-même
le livrât à ceux qui le poursuivaient. Quoique
Jean Mathieu ne fût qu'un paysan, c'était pourtant
un homme de résolution et de bon sens, qui,
voyant qu'il n'y avait rien à perdre ni à risquer à
sauver Rodéric, lui promit de le mettre à l'abri
de tous dangers. Il le fit cacher sous un tas de
fagots qui était devant sa maison, et le couvrit encore de paille, de cannes et d'autres matières com-
bustibles qu'il avait ramassées pour l'usage de sa
cuisine. A peine l'eut-il caché, que ceux qui le
poursuivaient parurent, qui, n'ayant pu obtenir
de Jean Mathieu, ni par menaces ni par caresses,
de dire seulement qu'il l'avait vu, passèrent outre;
et, l'ayant inutilement cherché partout, six lieues
à la ronde, ce jour-là et le lendemain, ils retour-
nèrent à Florence.

Alors Jean Mathieu retira Rodéric du lieu où il
était si bien caché, et l'ayant sommé de sa parole : « Mon frère, lui dit Rodéric, je vous ai une
obligation à laquelle je dois satisfaire, et le veux
ainsi de tout mon cœur; mais, afin que vous en
soyez persuadé, et que j'aie le pouvoir de m'acquitter de ma promesse, je veux vous dire qui je
suis. » Et pour lors il lui raconta son histoire,

lui dit les lois qu'on lui avait imposées au sortir
de l'enfer, lui parla de son mariage, et n'oublia
rien de ce que nous venons de dire ; il lui dit
aussi par quel moyen il voulait l'enrichir, et le
voici en peu de mots : « Toutes les fois que vous
apprendrez qu'il y aura quelque femme ou fille
possédée, en quelque pays que ce soit, soyez sûr,
lui dit-il, que c'est moi qui la posséderai, et qui
me serai rendu le maître de son corps, duquel je
ne sortirai point que vous ne veniez pour m'en
chasser ; et comme vous rendrez par là un service
très-considérable à la possédée et à ses parents,
vous en tirerez tout ce que vous voudrez, soit en
argent, soit en autres choses de valeur. » Jean
Mathieu fut content de la proposition, et, Rodéric
s'étant retiré, il arriva peu de jours après que la
fille d'Ambroise Amédée, mariée à Bonalde Téba-
luci, tous deux habitants de Florence, parut avoir
tous les accidents d'une démoniaque. Son mari et
ses parents eurent d'abord recours aux remèdes
ordinaires, même aux exorcismes ; mais tout cela
ne profita point, et afin que nul ne pût douter
que ce ne fût une véritable obsession du démon,
cette femme parlait latin et toutes les autres langues ; elle traitait avec facilité des plus hauts
points de la philosophie, et découvrit à plusieurs
leurs péchés les plus cachés, et entre autres à un
soldat qui avait gardé chez soi quatre ans durant
une concubine vêtue en homme, ce qui étonnait
tout le monde.

Le seigneur Ambroise, qui aimait sa fille, était
désespéré de voir son mal au-dessus de tous les
remèdes, lorsque Jean Mathieu, qui avait observé tout ce qui s'était passé, le vint trouver, et
osa lui promettre de guérir sa fille s'il voulait lui
donner cinq cents florins pour acheter un fonds

à Pertole. Don Ambroise accepta le parti. Jean
Mathieu ayant fait et ordonné quelques prières,
et pratiqué quelques autres cérémonies, par
forme seulement, s'approcha de l'oreille de la
dame, et dit à Rodéric, qu'il savait bien être dans
son corps : « Cher ami, je suis ici pour vous
sommer de votre parole. — Je le veux bien, re-
partit Rodéric ; mais ce que son père vous don-
nera ne pouvant suffire pour vous faire riche,
aussitôt que je serai sorti d'ici, je vais entrer dans
le corps de la fille de Charles, roi de Naples, et je
n'en sortirai que par vos exorcismes ; c'est pourquoi faites-y bien votre compte, et pensez à vos
affaires et à votre fortune, avant que de l'entreprendre ; parce qu'après cela je vous déclare que
vous n'avez plus de pouvoir sur moi, et que vous
ne délivrerez plus de possédés. » Après ce peu de
mots, la fille se trouva délivrée, au grand étonnement de toute la ville, et à la satisfaction des
parents.

Quelque temps après, le bruit fut grand par
toute l'Italie que la fille du roi Charles était possédée, et tous les autres remèdes n'ayant de rien
servi, on dit au roi ce qui était arrivé à Florence
en semblable cas, par le moyen de Jean Mathieu ;
c'est pourquoi il l'envoya demander. Celui-ci,
étant à Naples, guérit la princesse, comme il
avait délivré la première ; mais Rodéric, avant de
quitter le corps de la fille du roi, parla encore à
Jean Mathieu : « Tu vois, lui dit-il, combien amplement je me suis acquitté de mes promesses ;
te voilà riche par mon moyen ; c'est pourquoi je
ne te dois plus rien aussi ; et ne te présente plus
devant moi, parce qu'au lieu de te faire plaisir,
je te ferai du préjudice. »

Jean Mathieu retourna à Florence, chargé d'or

et d'argent, car le roi lui avait fait donner plus de cinquante mille ducats, et il ne pensait plus qu'à jouir en repos de ses richesses, et à vivre douce- ment le reste de sa vie, sans rien entreprendre davantage, quoiqu'il ne pût croire que Rodéric pût jamais se résoudre à lui nuire. Mais la tran- quillité de son esprit fut troublée peu après par les nouvelles qui vinrent à Florence que la fille de Louis VII, roi de France, était possédée comme les précédentes. Cette nouvelle l'affligea beau- coup, lorsqu'il pensait à la grande autorité du roi, auquel il ne pourrait se dispenser d'obéir, et aux dernières paroles de Rodéric. Il ne fut pas long- temps dans cette inquiétude, parce que tout le mal qu'il craignait lui arriva. Le roi, informé du don qu'avait Jean Mathieu de faire sortir les es- prits des corps des possédés, envoya à Florence un simple courrier, pour le prier de venir déli- vrer la princesse sa fille; mais cette première in- vitation n'ayant pas réussi, parce que Jean Mathieu ne voulut pas venir, feignant quelque indisposi- tion, le roi fut contraint de le demander à la sei- gneurie, qui le fit obéir. Il partit donc pour Paris très-triste, et fort incertain de l'événement, n'en pouvant espérer que de mauvais résultats; étant arrivé, il représenta au roi qu'à la vérité il savait quelque chose qui avait opéré ci-devant la guéri- son de quelques démoniaques, mais que ce n'était pas une conséquence qu'il pût les guérir tous, parce qu'il y avait des esprits si obstinés, qu'ils ne craignaient ni effets ni menaces, ni enchante- ments, ni même la religion; qu'il ne laisserait pas néanmoins d'y faire son devoir; mais que, si le succès ne répondait pas à ses soins, il en deman- dait d'avance pardon à Sa Majesté. Le roi, étant déjà fâché de ce que Jean Mathieu s'était fait prier et contraindre pour venir, fut tellement piqué de cette préface, qu'il prenait pour un effet de la mauvaise volonté du Florentin, qu'il lui répondit que, s'il ne guérissait sa fille, il le ferait pendre.

Ces paroles furent un coup de foudre pour le pauvre Jean Mathieu ; mais enfin, ayant repris courage, il fit venir la possédée, et s'étant approché de son oreille, il se recommanda très-humblement à Rodéric, le priant de se ressouvenir de ses services passés, et quelle serait son ingratitude s'il l'abandonnait dans un péril aussi pressant. Mais Rodéric, encore plus en colère que le roi : « Traître infâme que tu es, lui dit-il, oses-tu bien encore paraître devant moi, après te l'avoir défendu ? et ton avarice ne devait-elle pas être assouvie des biens que je t'ai procurés ? L'ambition d'en avoir davantage te fera perdre ceux dont tu jouis ; tu ne te vanteras pas longtemps d'être devenu grand seigneur par mon moyen ; je te ferai sentir, et à tout le reste des mortels, qu'il est en mon pouvoir de donner et d'ôter quand il me plaît ; et avant qu'il soit peu je te ferai pendre. »

Dans cette extrémité, Jean Mathieu, se voyant déchu de tout espoir de ce côté, voulut tenter fortune d'une autre part ; et, s'étant retiré, il fit voir assez de fermeté, et dit au roi, après avoir fait retirer la princesse : « Sire, je vous ai déjà fait entendre qu'il y a certains esprits si malins et si opiniâtres qu'on ne peut prendre aucunes mesures certaines avec eux ; celui-ci est de cette espèce ; mais je veux faire une dernière épreuve de laquelle Votre Majesté et moi en aurons du plaisir ; et si elle manque, je suis en votre disposition, et j'espère que vous aurez pitié de mon innocence. Je supplie donc Votre Majesté d'ordonner que l'on fasse devant l'église de Notre-Dame un grand enclos, fermé de barrières, qui puisse contenir toute votre cour et tout le clergé de cette ville. Vous ferez garnir tout cet enclos de riches tapis d'or et de soie, et d'autres ornements les plus beaux ; on élèvera au milieu un autel, sur lequel je prétends qu'on célèbre une messe dimanche au matin, à laquelle Votre Majesté et tous les princes et seigneurs de la cour assisteront dévotement, et viendront en ce lieu avec une pompe royale ; la princesse y sera pareillement amenée lors du sacrifice, et vous ferez, s'il vous plaît, tenir à l'un des bouts de la place, hors de l'enceinte, vingt ou trente personnes avec des trompettes, tambours ou autres instruments de guerre et de musique faisant grand bruit, tous lesquels, aussitôt que je leur en donnerai le signal, qui sera de lever mon chapeau, joueront de leurs instruments et s'avanceront à petit pas, en jouant, vers l'enclos où sera Votre Majesté, et je crois que cette musique avec quelques autres secrets que j'y ajouterai feront sortir cet esprit résistant.

Le roi donna incontinent ses ordres que tout fût prêt comme Jean Mathieu l'avait dit ; et le dimanche étant venu, l'enceinte fut remplie de toute la cour et du clergé, et les rues aboutissantes à la place furent remplies de peuple ; la messe fut célébrée avec solennité, et la démoniaque amenée dans les barrières par deux évêques et suivie de plusieurs seigneurs.

Quand Rodéric vit tant de peuple assemblé, et un si bel appareil, il en fut surpris, et dit en soi-même : « Quelle est la pensée de ce faquin ? Croit-il m'éblouir par cette faible pompe, moi qui suis accoutumé à voir celle du ciel, aussi bien que les fureurs de l'enfer ? Il me la payera ; je le châtierai assurément de son audace. » Alors Jean Mathieu s'approcha de lui et le conjura encore de vouloir sortir ; mais le démon, irrité : « Est-ce là, lui dit-il, tout ce que tu sais faire ? Et ce bel appareil est-il pour me tenter, ou pour éviter ma puissance et la colère du roi ? Ce sera plutôt pour te voir pendre avec plus d'ornement et en meilleure compagnie, malheureux coquin ! infâme affronteur ! » Et comme il continuait à l'outrager de paroles en présence de tout le monde, Jean Mathieu crut qu'il n'avait plus de temps à perdre, et, ayant donné le signal avec son chapeau, toutes les trompettes, les clairons, fifres et tambours, hautbois et autres instruments ordonnés pour jouer commencèrent à faire un bruit si grand qu'il fut facilement entendu de tous ceux qui étaient dans l'enceinte ; et comme les instruments en approchaient toujours et que le bruit en augmentait, Rodéric, qui ne s'y attendait point, en fut étonné, et, la curiosité le pressant, il demanda à Jean Mathieu (qui était encore près de lui) ce que ce bruit signifiait. A quoi Jean Mathieu, feignant de la tristesse, répondit : « Hé ! mon cher Rodéric, je vous plains : c'est votre femme qui vient vous retrouver. » Chose merveilleuse, le trouble que conçut Rodéric à cette nouvelle fut si grand, et la crainte de retomber encore au pouvoir de cette folle fut si véhémente, que, sans avoir le loisir d'examiner si la chose etait vraisemblable, ou même possible, et sans considérer l'intérêt de celui qui lui en faisait le conte, et qui pouvait raisonnablement lui être suspect, il quitta promptement le corps de la princesse, plein d'épouvante et de dépit, sans répliquer une seule parole, et retourna sur-le-champ en enfer, où il aima mieux aller rendre raison de sa commission, quoique avant le temps, que de se voir de nouveau exposé à la tyrannie

du mariage et aux douleurs, dégoûts et périls que
cause une mauvaise compagne. Ainsi Belfégor,
retournant en enfer, vérifia authentiquement par
son rapport l'excès des maux qu'une méchante femme amène avec soi dans la maison d'un mari facile,
et Jean Mathieu fit voir qu'il en savait plus que
le démon même, et s'en retourna chez lui riche et
content.

Quelques années après on vit aux enfers une
autre aventure, qui confirma davantage combien
grand est le malheur d'avoir une méchante femme.
Un nouveau venu auquel, suivant la coutume, on
faisait sentir pour sa bienvenue les plus rudes
tourments, n'en parut pas ému davantage que si
on l'eût bien caressé. Ses bourreaux, indignés de
lui voir cet air indolent, si peu connu aux enfers,
crurent de s'être relâchés à son égard, et que les
pointes des instruments qu'ils employèrent pour
la torture étaient émoussées ; ils s'armèrent donc
d'armes nouvelles et d'une cruauté que leur colère
augmentait, et s'étant jetés avec la dernière fureur
sur ce malheureux, ils l'auraient mis en pièces
mille fois, s'il avait pu autant de fois mourir ; mais
les damnés ne meurent pas, en souffrant pourtant
mille morts à chaque moment. Celui-ci résista
toujours comme auparavant, et fut muet durant
la plus grande rage des coups, montrant même
un air assez satisfait qui bravait tous les ministres
de l'enfer. Ceux-ci, plutôt las de le tourmenter
que lui de souffrir, avouèrent de n'avoir jamais
rien vu de semblable, et en firent leur rapport à
Lucifer, lequel, étonné d'une chose si rare, voulut
lui-même le voir et l'interroger. Cet homme,
étendu sur la terre, disait quelque chose entre ses
dents quand Lucifer arriva. « Et qui es-tu, lui
dit-il, à qui tout l'enfer ne saurait faire peur, et

qui comptes pour rien tous nos supplices et tous nos malheurs? — Comment, seigneur, répondit l'inconnu, serait-il vrai que je suis en enfer! Hélas! je croyais n'être qu'en purgatoire, et je disais en moi-même, quand vous êtes venu, que j'étais encore bien heureux au prix de ce que j'étais en l'autre monde en la compagnie de la plus détestable femme que le soleil ait jamais vue. Durant vingt ans de mariage je n'ai pu avoir un quart d'heure de repos avec elle, et son esprit était si ingénieux à me tourmenter qu'elle me régalait tous les jours de quelque nouvelle persécution, dont la moindre surpassait tout ce que j'ai trouvé ici de plus rude et de plus cruel; c'est la raison pour laquelle je n'ai ni gémi, ni crié, quoi qu'on m'ait pu faire; et, si je suis en enfer, je dirai toujours qu'on y est mieux qu'avec une telle femme, plus redoutable que tout l'enfer même. »

Le prince des démons frémit à ce discours, et, avant que de se retirer, il ordonna de nouveaux supplices à ce discoureur. Mais rien ne put le faire dédire de ce qu'il avait avancé. Il disait qu'il trouverait du rafraîchissement au milieu des flammes, et que, pourvu que sa femme ne vînt pas le rejoindre et se mettre de la partie, il prendrait patience, et tous les autres maux à gré. Il tint en effet parole, et jamais on ne le vit soupirer ni se plaindre par les efforts de la douleur. Mais enfin sa femme mourut, et Lucifer, que la pitié ne toucha jamais, l'ayant reçue comme elle le méritait, la renvoya à son mari : elle le tourmenta comme elle avait de coutume, et le pauvre infortuné, rencontrant dès lors véritablement son enfer, est celui de tous les damnés qui crie le plus et qui souffre davantage.

FIN.

MERVEILLEUSE HISTOIRE

DE

PIERRE SCHLÉMIHL

ENRICHIE D'UNE SAVANTE PRÉFACE

OU LES CURIEUX POURRONT APPRENDRE CE QUE C'EST
QUE L'OMBRE

PAR

ADELBERT DE CHAMISSO.

Louis-Charles-Adélaïde de Chamisso, connu sous le pré-
nom d'Adelbert, naquit au château de Boncourt, près
Sainte-Menehould, le 27 janvier 1781, et mourut à Berlin
le 11 août 1838. Il fut peintre, sculpteur, soldat, voyageur,
naturaliste, philologue, poète, romancier. Il a laissé des ouvrages recommandables sur l'histoire naturelle et la linguis-
tique; mais ce sont ses œuvres d'imagination qui ont le plus
contribué à le faire connaître. Sa *Merveilleuse histoire de
Pierre Schlémihl*, composée en allemand, et publiée pour la
première fois en 1814, eut beaucoup de succès et fut tra-
duite en diverses langues. La traduction française qu'on
reproduit ici, d'après l'édition de Nuremberg, 1838, a été
faite par Chamisso lui-même.

PRÉFACE.

Ce petit livre n'est pas une nouveauté. Il a été imprimé pour la première fois en allemand en 1814. Les éditions, les traductions, les imitations, les contrefaçons, s'en sont depuis multipliées dans presque toutes les langues de l'Europe, et il est devenu populaire surtout en Angleterre et dans les États-Unis.

J'ai revu, corrigé et approuvé la version que l'on va lire, et qui, ultérieurement corrigée par l'éditeur, a paru en 1822 à Paris, chez Ladvocat. Je viens de la revoir et de la corriger encore avant de la remettre au libraire qui me l'a demandée. Je ne laisserai pas toutefois de réclamer l'indulgence des lecteurs pour mon style tant soit peu germanique : le français n'est pas la langue que j'ai coutume d'écrire.

J'extrairai de la correspondance entre J. E.

Hitzig, Fouqué et moi, imprimée en tête des édi-
tions allemandes, quelques notices sur l'auteur et
le manuscrit dont il m'avait rendu dépositaire.

J'ai connu Pierre Schlémihl en 1804 à Berlin.
C'était un grand jeune homme gauche sans être
maladroit, inerte sans être paresseux, le plus
souvent renfermé en lui-même, sans paraître s'in-
quiéter de ce qui se passait autour de lui, inoffen-
sif, mais sans égard pour les convenances, et tou-
jours vêtu d'une vieille kurtke noire râpée, qui
avait fait dire de lui qu'il devrait s'estimer heu-
reux si son âme partageait à demi l'immortalité
de sa casaque. Il était habituellement en butte aux
sarcasmes de nos amis; cependant je l'avais pris
en affection, moi : plusieurs traits de ressemblance
avaient établi un attrait mutuel entre nous.

J'habitais, en 1813, à la campagne, près de
Berlin, et, séparé de Schlémihl par les événements,
je l'avais depuis longtemps perdu de vue, lors-
qu'un matin brumeux d'automne, ayant dormi
tard, j'appris à mon réveil qu'un homme à longue
barbe, vêtu d'une vieille kurtke noire râpée et por-
tant des pantoufles par-dessus ses bottes, s'était
informé de moi et avait laissé un paquet à mon
adresse. — Ce paquet contenait le manuscrit au-
tographe de la Merveilleuse histoire de Pierre
Schlémihl.

J'ai mal usé de la confiance de mon malheureux
ami. J'ai laissé voir le manuscrit, que j'aurais dû
tenir caché, et Fouqué a commis l'indiscrétion de
le faire imprimer. Je n'ai pu dès lors qu'en soi-
gner les éditions. J'ai porté la peine de ma faute;
on m'a associé à la honte de Schlémihl, que j'a-
vais contribué à divulguer. Cependant, j'ai vieilli
depuis lors, et, retiré du monde, le respect humain
n'a plus d'empire sur moi. J'avoue aujourd'hui

sans hésiter l'amitié que j'ai eue pour Pierre Schlémihl.

Cette histoire est tombée entre les mains de gens réfléchis, qui, accoutumés à ne lire que pour leur instruction, se sont inquiétés de savoir ce que c'était que l'ombre. Plusieurs ont fait à ce sujet des hypothèses fort curieuses ; d'autres, me faisant l'honneur de me supposer plus instruit que je ne l'étais, se sont adressés à moi pour en obtenir la solution de leurs doutes. Les questions dont j'ai été assiégé m'ont fait rougir de mon ignorance. Elles m'ont déterminé à comprendre dans le cercle de mes études un objet qui jusque-là leur était resté étranger, et je me suis livré à de savantes recherches dont je consignerai ici le résultat.

DE L'OMBRE.

« Un corps opaque ne peut jamais être éclairé
« qu'en partie par un corps lumineux, et l'espace
« privé de lumière qui est situé du côté de la partie
« non éclairée est ce qu'on appelle ombre. Ainsi
« l'ombre proprement dite représente un solide,
« dont la forme dépend à la fois de celle du corps
« lumineux, de celle du corps opaque, et de la
« position de celui-ci à l'égard du corps lumineux.

« L'ombre, considérée sur un plan situé der-
« rière le corps opaque qui la produit, n'est autre
« chose que la section de ce plan dans le solide qui
« représente l'ombre. »

HAUY,

Traité élémentaire de physique, t. II, §§ 1002 et 1006.

C'est donc de ce solide dont il est question dans la merveilleuse histoire de Pierre Schlémihl. La science de la finance nous instruit assez de l'importance de l'argent; celle de l'ombre est moins généralement reconnue. Mon imprudent ami a convoité l'argent, dont il connaissait le prix, et n'a pas songé au solide. La leçon qu'il a chèrement payée, il veut qu'elle nous profite, et son expérience nous crie : Songez au solide!

Berlin, en novembre 1837.

ADELBERT DE CHAMISSO.

MERVEILLEUSE HISTOIRE

DE

PIERRE SCHLÉMIHL

I.

Nous entrâmes au port après une heureuse
traversée, qui cependant n'avait pas été pour
moi sans fatigues. Dès que le canot m'eut mis à
terre, je me chargeai moi-même de mon très-
mince bagage, et, fendant la foule, je gagnai la
maison la plus prochaine et la plus modeste de
toutes celles où je voyais pendre des enseignes.
Je demandai une chambre. Le garçon d'auberge,
après m'avoir toisé d'un coup d'œil, me conduisit
sous le toit. Je me fis donner de l'eau fraîche, et
m'informai de la demeure de M. Thomas John.
« Sa maison de campagne, me dit-il, est la pre-
« mière à main droite, en sortant par la porte du
« Nord. C'est le palais neuf aux colonnades de
« marbre. » Il était encore de bonne heure; j'ouvris ma valise, j'en tirai mon frac noir, récem-
ment retourné, et, m'étant habillé le plus proprement possible, je me mis en chemin, muni de la
lettre de recommandation qui devait intéresser à

mes modestes espérances le patron chez qui j'allais
me présenter.

Après avoir monté la longue rue du Nord et
passé la barrière, je vis bientôt briller les colonnes
à travers les arbres qui bordaient la route. « C'est
donc ici, » me dis-je. J'essuyai avec mon mouchoir
la poussière de mes souliers, j'arrangeai les plis et
le nœud de ma cravate, et, à la garde de Dieu, je
tirai le cordon de la sonnette. La porte s'ouvrit.
Il me fallut d'abord essuyer un interrogatoire,
mais enfin le portier voulut bien me faire annoncer,
et j'eus l'honneur d'être appelé dans le parc, où
M. John se promenait avec sa société. Je le reconnus aisément à l'air de suffisance qui régnait sur
son visage arrondi. J'eus à me louer de son accueil,
qui toutefois ne me fit point oublier la distance
qui sépare un homme riche d'un pauvre diable. Il
fit un mouvement vers moi, sans pourtant se séparer de sa société, prit la lettre de recommandation que je lui présentais, et dit en regardant l'a-
dresse : « De mon frère ! Il y a bien longtemps
« que je n'ai entendu parler de lui. Il se porte
« bien? » — Et, sans attendre ma réponse, il se
retourna vers son monde, montrant avec la lettre
une colline qui s'élevait à quelque distance. —
« C'est là, dit-il, que je veux construire le nouveau
« bâtiment dont je vous ai parlé. » — Puis il brisa
le cachet, sans toutefois interrompre la conversation, qui roulait sur les avantages de la fortune.
— « Celui qui ne possède pas au moins un mil-
« lion, dit-il, n'est (pardonnez-moi le mot), n'est
« qu'un *gueux*. — « Quelle vérité ! » m'écriai-je
avec l'accent d'une douloureuse conviction. L'expression de ma voix le fit sourire : il se tourna
vers moi. — « Restez, mon ami, me dit-il; peut-
« être plus tard aurai-je le temps de vous dire ce

« que je pense de votre affaire. » Il mit dans sa
poche la lettre qu'il avait parcourue des yeux, et
offrit le bras à une jeune dame. Le reste de la société l'imita ; chacun s'empressa auprès de la beauté
qui l'intéressait. Les groupes se formèrent, et on
s'achemina vers la colline émaillée de fleurs que
M. John avait désignée.

Pour moi, je fermais la marche, sans être à
charge à personne, car personne ne faisait attention à moi. Tour à tour on folâtrait, on parlait
avec gravité de choses vaines et futiles, on traitait
avec légèreté les sujets les plus graves, et l'épi-
gramme s'aiguisait, surtout aux dépens des ab-
sents. J'étais trop peu fait à ce genre de conversation, trop étranger dans ce cercle, et trop préoc-
cupé pour avoir l'esprit à ce qui se disait, et
m'amuser de tant d'énigmes.

On avait atteint le bosquet, lorsque la jeune
Fanny, qui semblait être l'héroïne du jour, s'en-
têta à vouloir arracher une branche de rosier
fleurie. Une épine la blessa, et quelques gouttes
de sang vermeil relevèrent encore la blancheur de
sa main. Cet événement mit toute la société en
mouvement. On demandait, on cherchait du taffetas d'Angleterre. Un homme âgé, pâle, grêle, sec
et effilé, qui suivait la troupe en silence et à l'é-
cart, et que je n'avais pas encore remarqué, accourut, et glissant la main dans la poche étroite
de son antique juste-au-corps de taffetas gris cendré,
en tira un petit portefeuille, l'ouvrit, et avec la
plus profonde révérence présenta à la dame ce
qu'elle demandait. Elle accepta ce service avec
distraction, et sans adresser le plus léger remercîment à celui qui le lui rendait. La plaie fut pansée,
et l'on continua à gravir la colline, du sommet de
laquelle les yeux s'égaraient sur un labyrinthe de

verdure, pour se reposer, plus loin, sur l'immensité de l'Océan. La perspective était en effet magnifique.

Un point lumineux se faisait remarquer à l'horizon, entre le vert foncé des flots et l'azur du
ciel. — « Une lunette! » s'écria M. John. — A
peine les laquais, accourus à la voix du maître,
avaient entendu ses ordres, que déjà l'homme en
habit gris, s'inclinant d'un air respectueux, avait
remis la main dans sa poche et en avait tiré un
très-beau télescope qu'il avait présenté à M. John.

Celui-ci, considérant l'objet lointain, annonça à
la société que c'était le vaisseau qui, la veille,
était sorti du port, et que les vents contraires
retenaient à la vue des côtes. La lunette d'approche
passa de main en main, mais ne revint point dans
celles de son propriétaire. Quant à moi, j'examinai
cet homme avec surprise, et je ne pouvais comprendre comment un si long instrument avait pu
tenir dans sa poche; mais personne ne semblait y
prendre garde, et l'on ne s'inquiétait pas plus de
l'homme en habit gris que de moi.

On offrit des rafraîchissements; les fruits les
plus rares, les plus exquis, furent servis dans des
corbeilles élégantes et sur les plus riches plateaux.
M. John faisait avec aisance les honneurs de la
collation. Il m'adressa pour la seconde fois la parole.
— « Prenez, me dit-il, cela vous manquait à bord. »
Je m'inclinai pour lui répondre, mais déjà il causait avec un autre.

Si l'on n'eût craint l'humidité du gazon, on se
serait assis sur le penchant de la colline, pour
jouir de la beauté du paysage. — « Il serait ravis-
« sant, dit quelqu'un de la société, de pouvoir
« étendre ici des tapis. » A peine ce vœu avait été
prononcé, que déjà l'homme en habit gris avait la

main dans sa poche, occupé, de l'air le plus humble, à en faire sortir une riche étoffe de pourpre,
brodée d'or. Les domestiques la reçurent tranquillement de ses mains, et la déroulèrent sur
l'herbe : toute la société y prit place. Moi, stupé-
fait, je considérais tour à tour et l'homme, et la
poche, et le tapis, qui avait plus de vingt aunes
de long sur dix de large. Je me frottais les yeux,
et je ne savais que penser, que croire, en voyant
surtout que personne ne témoignait la moindre
surprise.

J'aurais voulu m'informer quel était cet homme,
mais je ne savais à qui m'adresser, car j'étais aussi
timide envers messieurs les valets qu'envers le
reste de la société. Je m'enhardis enfin, et m'ap-
prochant d'un jeune homme qui me semblait sans
conséquence, et qu'on avait souvent laissé seul,
je le priai à demi-voix de m'apprendre quel était
ce complaisant d'une nouvelle espèce, vêtu d'un
habit de taffetas gris. — « Qui? me répondit-il,
celui qui ressemble à un bout de fil échappé de
l'aiguille d'un tailleur? — Oui, celui qui se tient
là seul à l'écart. — Je ne le connais pas. » Il me
tourna le dos, et, sans doute pour éviter mes questions, il se mit à parler de choses indifférentes avec
un autre.

Cependant le soleil avait dissipé les nuages, et
l'ardeur de ses rayons commençait à incommoder
les dames. La belle Fanny, se tournant négligemment vers l'homme en habit gris, auquel personne, que je sache, n'avait encore adressé la
parole, lui demanda si, par hasard, il n'aurait pas
aussi une tente sur lui. Il ne répondit que par le
salut le plus profond, comme s'il eût été loin de
s'attendre à l'honneur qu'on lui faisait. Et cependant il avait déjà la main dans sa poche, dont je

vis sortir, à la file, pieux, cordes, clous, coutil, en
un mot tout ce qui peut entrer dans la construc-
tion du pavillon le plus commode. Les jeunes gens
s'empressèrent d'en faire usage, et une tente om-
bragea bientôt de sa gracieuse coupole tout le riche
tapis précédemment étendu sur le gazon. — Personne, cependant, ne donnait la moindre marque
d'étonnement.

Déjà j'étais frappé d'une secrète horreur, et je
frissonnais involontairement; que devins-je, lorsqu'au premier désir exprimé dans la société, je
vis l'homme gris tirer trois chevaux de sa poche :
— Oui, trois beaux chevaux noirs, à tous crins,
sellés et bridés, de cette même poche dont venaient déjà de sortir un portefeuille, une lunette
d'approche, un tapis de vingt aunes de long sur
dix de large, et une tente des mêmes dimensions.
— Certes, mon ami, tu refuserais de le croire, si
je ne t'affirmais avec serment l'avoir vu de mes
propres yeux.

Quelle que fût, d'une part, l'humilité de l'homme
en habit gris, et, de l'autre, l'insouciance de la société à son égard, moi, je ne pouvais détourner les
yeux de sa personne, et son aspect me faisait frémir. Il me devint impossible de le supporter plus
longtemps. Je résolus de m'éloigner, ce qui, vu
le rôle insignifiant que je jouais, devait m'être
facile. Je voulais retourner à la ville, rendre le lendemain une nouvelle visite à M. John, et, si j'en
avais l'occasion ou le courage, lui faire quelques
questions au sujet de l'homme étrange en habit
gris. Trop heureux si j'avais réussi à m'échapper !

Déjà je m'étais glissé hors du bosquet, et me
trouvais au pied de la colline, sur une vaste pièce
de gazon, lorsque la crainte d'être surpris hors
des allées me fit regarder autour de moi. Quel fut

mon effroi ! En me retournant, j'aperçus l'homme
en habit gris, qui me suivait et venait à moi. Il
m'ôta d'abord son chapeau, et s'inclina plus profondément que jamais personne n'avait fait devant
moi. Il était clair qu'il voulait me parler, et je ne
pouvais plus l'éviter sans impolitesse. Je lui ôtai
donc aussi mon chapeau et lui rendis son salut.
Je restai la tête nue, en plein soleil, immobile
comme si j'eusse pris racine sur le sol: je le regardais fixement, avec une certaine crainte, et je
ressemblais à l'oiseau que le regard du serpent a
fasciné ; lui-même paraissait embarrassé ; il n'osait
lever les yeux, et s'avançait en s'inclinant à différentes reprises. Enfin, il m'aborde et m'adresse
ces paroles à voix basses, et du ton indécis qui
aurait convenu à un pauvre honteux :

« Monsieur daignera-t-il excuser mon importunité, si, sans avoir l'honneur d'être connu de lui,
j'ose me hasarder à l'aborder. J'aurais une humble
prière à lui faire. Si Monsieur voulait me faire la
grâce... — Mais, au nom de Dieu, Monsieur,
m'écriai-je en l'interrompant dans mon anxiété,
que puis-je pour un homme qui... » Nous demeurâmes court tous les deux, et je crois que la rougeur nous monta également au visage.

Après un intervalle de silence, il reprit la parole : — « Pendant le peu de moments que j'ai
joui du bonheur de me trouver auprès de vous,
j'ai, à plusieurs reprises... Je vous demande mille
excuses, Monsieur, si je prends la liberté de vous le
dire, j'ai contemplé avec une admiration inexprimable l'ombre superbe que, sans aucune attention
et avec un noble mépris, vous jetez à vos pieds...
cette ombre même que voilà. Encore une fois,
Monsieur, pardonnez à votre humble serviteur
l'insigne témérité de sa proposition : daigneriez

vous consentir à traiter avec moi de ce trésor?
pourriez-vous vous résoudre à me le céder?.»

Il se tut, et j'hésitais à en croire mes oreilles.
« M'acheter mon ombre! il est fou, me dis-je en
moi-même; » et d'un ton qui sentait peut-être un
peu la pitié, je lui répondis :

« Eh! mon ami, n'avez-vous donc point assez
de votre ombre! Quel étrange marché me pro-
posez-vous... » Il continua. « J'ai dans ma poche
bien des choses qui pourraient n'être pas indignes
d'être offertes à Monsieur. Il n'est rien que je ne
donne pour cette ombre inestimable; rien à mes
yeux n'en peut égaler le prix. »

Une sueur froide ruissela sur tout mon corps
lorsqu'il me fit ressouvenir de sa poche, et je ne
compris plus comment j'avais pu le nommer mon
ami. Je repris la parole, et tâchai de réparer ma
faute à force de politesses.

« Mais, Monsieur, lui dis-je, excusez votre très-
humble serviteur; sans doute que j'ai mal compris
votre pensée. Comment mon ombre pourrait-
elle...? » Il m'interrompit.« Je ne demande à Monsieur que de me permettre de ramasser ici son
ombre et de la mettre dans ma poche; quant à la
manière dont je pourrai m'y prendre, c'est mon
affaire. En échange, et pour prouver à Monsieur
ma reconnaissance, je lui laisserai le choix entre
plusieurs bijoux que j'ai avec moi : l'herbe précieuse du pêcheur Glaucus; la racine de Circé;
les cinq sous du Juif-Errant; le mouchoir du
grand Albert; la mandragore; l'armet de Mambrin;
le rameau d'or; le chapeau de Fortunatus, remis
à neuf, et richement remonté, ou, si vous préfé-
riez sa bourse... — La bourse de Fortunatus! »
m'écriai-je. Et ce seul mot, quelle que fût d'ailleurs mon angoisse, m'avait tourné la tête. Il me

prit des vertiges, et je crus entendre les doubles
ducats tinter à mon oreille.

« Que Monsieur daigne examiner cette bourse
et en faire l'essai. » — Il tira en même temps de
sa poche et remit entre mes mains un sac de ma-
roquin à double couture et fermé par des cour-
roies. J'y puisai, et en retirai dix pièces d'or, puis
dix autres, puis encore dix, et toujours dix. —
Je lui tendis précipitamment la main. — « Tope!
dis-je, le marché est conclu; pour cette bourse
vous avez mon ombre. » — Il me donna la main,
et sans plus de délai se mit à genoux devant moi ;
je le vis avec la plus merveilleuse adresse détacher
légèrement mon ombre du gazon depuis la tête
jusques aux pieds, la plier, la rouler, et la mettre
enfin dans sa poche.

Il se releva quand il eut fini, s'inclina devant
moi, et se retira dans le bosquet de roses. Je crois
que je l'entendis rire en s'éloignant. Pour moi, je
tenais ferme la bourse par les cordons ; la terre
était également éclairée tout autour de moi, et je
n'étais pas encore maître de mes sens.

II.

Enfin je revins à moi, et me hâtai de quitter
ce lieu, où j'espérais ne plus avoir rien à faire.
Je commençai par remplir mes poches d'or, puis
je suspendis la bourse à mon cou et la cachai sous
mes vêtements. Je sortis du parc sans être remar-

qué; je gagnai la grand'route, et je m'acheminai vers la ville.

J'approchais de la porte, lorsque j'entendis crier derrière moi : « Jeune homme ! Eh ! jeune homme ! écoutez donc ! » Je me retournai, et j'aperçus une vieille femme, qui me dit : « Prenez donc garde, Monsieur, vous avez perdu votre ombre. — Grand merci, ma bonne mère, » lui répondis-je en lui jetant une pièce d'or pour prix de son bon avis, et je continuai ma route à l'ombre des arbres qui bordaient le chemin.

A la barrière, la sentinelle répéta la même observation : « Où celui-ci a-t-il laissé son ombre ? » Des femmes, à quelques pas de là, s'écrièrent : « Jésus Marie ! le pauvre homme n'a point d'ombre ! » Ces propos commencèrent à me chagriner. J'évitai avec le plus grand soin de marcher au soleil ; mais il y avait des carrefours où l'on ne pouvait faire autrement, comme, par exemple, au passage de la grande rue, où, quand j'arrivai, pour mon malheur, justement les polissons sortaient de l'école. Un maudit petit bossu, je crois le voir encore, remarqua d'abord ce qui me manquait, et me dénonça par de grands cris à la bande écolière du faubourg, qui commença sans façons à me harceler avec des pierres et de la boue. « La coutume des honnêtes gens, criaient-ils, est de se faire suivre de leur ombre quand ils vont au soleil. » Je jetai de l'or à pleines mains, pour me débarrasser d'eux, et je sautai dans une voiture de place que de bonnes âmes me procurèrent.

Aussitôt que je me trouvai seul dans la maison roulante, je commençai à pleurer amèrement. Déjà je pressentais que, dans le monde, l'ombre l'emporte autant sur l'or que l'or sur le mérite et la vertu. J'avais jadis sacrifié la richesse à ma conscience; je venais de sacrifier mon ombre à la richesse. — Que pouvais-je faire désormais sur la terre?

Je n'étais pas encore revenu de mon trouble lorsque la voiture s'arrêta devant mon auberge; l'aspect de cette masure m'indigna; j'aurais rougi de remettre le pied dans ce misérable grenier où j'étais logé. J'en fis sur-le-champ descendre ma valise; je la reçus avec dédain, laissai tomber quelques pièces d'or, et ordonnai de me conduire au plus brillant hôtel de la ville. Cette maison était exposée au nord, et je n'avais rien à y craindre du soleil; je donnai de l'or au cocher, je me fis ouvrir le plus bel appartement, et je m'y enfermai dès que j'y fus seul.

Et que penses-tu que je fisse alors? O mon cher Adelbert, en te l'avouant, la rougeur me couvre le visage. Je tirai la malheureuse bourse de mon sein, et, avec une sorte de fureur semblable au délire toujours croissant de ces fièvres ardentes qui s'alimentent par leur propre malignité, j'y puisai de l'or, encore de l'or, sans cesse de l'or. Je le répandais sur le plancher, je l'amoncelais autour de moi, je faisais sonner celui que je retirais sans interruption de la bourse, et ce maudit son, mon cœur s'en repaissait. J'entassai sans relâche le métal sur le métal, jusqu'à ce qu'enfin, accablé de fatigue, je me roulai sur ce trésor. Je nageais en quelque sorte dans cet océan de richesses. Ainsi se passa la journée; la nuit me trouva gisant sur mon or, et le sommeil vint enfin m'y fermer les yeux.

Un songe me reporta près de toi; je me trouvai derrière la porte vitrée de ta petite chambre. Tu étais assis à ton bureau, entre un squelette et un volume de ton herbier; Haller, Humboldt et Lin-

née étaient ouverts devant toi, et sur ton canapé
Homère et Shakspeare. Je te considérai longtemps, puis j'examinai tout ce qui était autour de
toi, et mes yeux te contemplèrent de nouveau ;
mais tu étais sans mouvement, sans respiration,
sans vie.

Je m'éveillai. Il paraissait être encore de fort
bonne heure ; ma montre était arrêtée ; j'étais
brisé, et de plus je mourais de besoin : je n'avais
rien pris depuis la veille au matin. Je repoussai
avec dépit loin de moi cet or dont peu auparavant
j'avais follement enivré mon cœur. Maintenant,
inquiet, triste et confus, je ne savais plus qu'en
faire. Je ne pouvais le laisser ainsi sur le plancher.
J'essayai si la bourse de laquelle il était sorti aurait
la vertu de l'absorber ; mais non, il ne voulait pas
y rentrer. Aucune de mes fenêtres ne donnait sur
la mer ; il fallut donc prendre mon parti, et, à
force de temps et de peines, à la sueur de mon
front, le porter dans une grande armoire qui se
trouvait dans un cabinet attenant à ma chambre à
coucher, et l'y cacher jusqu'à nouvel ordre ; je
n'en laissai que quelques poignées dans mon appartement. Lorsque ce travail fut achevé, je
m'étendis, épuisé de fatigue, dans une bergère, et
j'attendis que les gens de la maison commen-
çassent à se faire entendre.

Je me fis apporter à manger, et je fis venir l'hôte,
avec lequel je réglai l'ordonnance de ma maison.
Il me recommanda, pour mon service personnel,
un nommé Bendel, dont la physionomie ouverte
et sage m'inspira d'abord la confiance. Pauvre
Bendel ! ! c'est lui dont l'attachement a depuis
adouci mon sort, et qui m'a aidé à supporter mes
maux en les partageant. Je passai toute la journée
chez moi avec des valets sans maîtres et des mar-

} chands. Je montai ma maison et ma suite confor-
mément à ma fortune actuelle, et j'achetai surtout
une quantité de choses inutiles, de bijoux et de
pierreries, dans le seul but de me débarrasser d'une
partie du monceau d'or qui me gênait; mais à
peine si la diminution en était sensible.

Je flottais cependant, à l'égard de ce qui me
manquait, dans une incertitude mortelle; je n'osais
sortir de ma chambre, et je faisais allumer le soir
quarante bougies dans mon salon, pour ne point
rester dans les ténèbres. Je ne pensais qu'avec
effroi à la rencontre des écoliers; cependant je
voulais, autant que j'en aurais eu le courage,
affronter encore une fois les regards du public, et
donner à l'opinion l'occasion de se prononcer. La
lune éclairait alors les nuits; je m'enveloppai d'un
large manteau, je rabattis mon chapeau sur mes
yeux, et me glissai, tremblant comme un malfai-
teur, hors de l'hôtel. Je m'éloignai à l'ombre des
maisons, et ayant gagné un quartier écarté, je
m'exposai au rayon de la lune, résigné à apprendre
mon sort de la bouche des passants.

Epargne-moi, mon ami, le douloureux récit de
tout ce qu'il me fallut endurer. Quelques femmes
manifestaient la compassion que je leur inspirais,
et l'expression de ce sentiment ne me déchirait
pas moins le cœur que les outrages de la jeunesse
et l'orgueilleux mépris des hommes, de ceux-là
surtout qui se complaisaient à l'aspect de l'ombre
large et respectable dont leur haute stature était
accompagnée. Une jeune personne d'une grande
beauté, qui semblait suivre ses parents, tandis que
ceux-ci regardaient avec circonspection à leurs
pieds, porta par hasard ses regards sur moi; je la
vis tressaillir lorsqu'elle remarqua la malheureuse
clarté qui m'environnait. L'effroi se peignit sur

son beau visage; elle le couvrit de son voile, baissa la tête, et poursuivit sa route sans ouvrir la bouche. Des larmes amères s'échappèrent alors de mes yeux, et, le cœur brisé, je me replongeai dans l'ombre. J'eus besoin de m'appuyer contre les murs pour soutenir ma démarche chancelante, et je regagnai lentement ma maison, où je rentrai tard.

Le sommeil n'approcha point, cette nuit, de ma paupière. Mon premier soin, dès que le jour parut, fut de faire chercher l'homme en habit gris. J'espérais, si je parvenais à le retrouver, que peut-être notre étrange marché pouvait lui sembler aussi onéreux qu'à moi-même; j'appelai Bendel. Il était actif et intelligent; je lui dépeignis exactement l'homme entre les mains duquel était un trésor sans lequel la vie ne pouvait plus être pour moi qu'un supplice. Je l'instruisis du temps et du lieu où je l'avais rencontré, et je lui dis encore que, pour des renseignements plus particuliers, il eût à s'informer curieusement d'une lunette d'approche, d'un riche tapis de Turquie, d'un pavillon magnifique, et enfin de trois superbes chevaux de selle noirs, objets dont l'histoire, que je ne lui racontai pas, se rattachait essentiellement à celle de l'homme mystérieux que personne n'avait semblé remarquer, et de qui l'apparition avait détruit le repos et le bonheur de ma vie.

Tout en parlant, je lui donnai autant d'or que j'en avais pu porter; j'y ajoutai des bijoux et des diamants d'une valeur encore plus grande, et je poursuivis : « Voilà ce qui aplanit bien des che-« mins, et rend aisées bien des choses impossibles. « Ne sois pas plus économe de ces richesses que « moi-même. Va, Bendel, va, et ne songe qu'à rap-« porter à ton maître des nouvelles sur lesquelles « il fonde son unique espérance. »

Il revint tard et triste. Il n'avait rien appris des
gens de M. John, rien des personnes de sa société.
Il avait cependant parlé à plusieurs, et aucune ne
paraissait avoir le moindre souvenir de l'homme
en habit gris. La lunette était encore entre les
mains de M. John; le pavillon, tendu sur ? colline, couvrait encore le riche tapis de Turquie.
Les valets vantaient l'opulence de leur maître,
mais tous ignoraient également d'où lui venaient
ces nouveaux objets de luxe. Lui-même y prenait
plaisir, sans paraître se rappeler celui de qui il les
tenait. Les jeunes gens qui avaient monté les chevaux noirs les avaient encore dans leurs écuries,
et ils s'accordaient à célébrer la générosité de
M. John, qui leur en avait fait présent.

Le récit long et circonstancié de Bendel m'éclairait peu; cependant, quelque infructueuses qu'eussent été ses démarches, je ne pus refuser des
louanges à son zèle, à son activité et à sa prudence
mesurée. — Je lui fis signe, en soupirant, de me
laisser seul.

« J'ai, reprit-il, rendu compte à Monsieur de
« ce qu'il lui importait le plus de savoir; il me
« reste à m'acquitter d'une commission dont m'a
« chargé pour lui quelqu'un que je viens de ren-
« contrer devant la porte, en retournant d'une
« mission où j'ai si mal réussi. Voici quelles ont
« été ses propres paroles : — Dites à M. Pierre
« Schlémihl qu'il ne me reverra plus ici, parce
« que je vais passer les mers, et que le vent qui
« vient de se lever ne m'accorde plus qu'un mo-
« ment; mais que d'aujourd'hui dans un an j'aurai
« moi-même l'honneur de venir le trouver, et de
« lui proposer un nouveau marché qui pourra lui
« être alors agréable. Faites-lui mes très-humbles
« compliments, et assurez-le de ma reconnaissance.

« Je lui ai demandé son nom ; il m'a répondu : —
« Rapportez seulement à votre maître ce que je
« viens de vous dire, et il me reconnaîtra.

— Comment était-il fait ? » m'écriai-je avec un
sinistre pressentiment. Et Bendel me dépeignit,
trait pour trait, l'homme en habit gris, tel qu'il
venait de le signaler lui-même dans son récit.
« Malheureux ! m'écriai-je, c'était lui-même. » Et
tout à coup, comme si un épais bandeau fût tombé
de ses yeux : « Oui ! s'écria-t-il avec l'expression
de l'effroi, oui, c'était lui, c'était lui-même. Et
moi, aveugle, insensé que j'étais, je ne l'ai pas reconnu, malgré la peinture exacte que vous m'en
aviez faite, et j'ai trahi la confiance de mon maître ! »

Il éclata contre lui-même en reproches amers,
et le désespoir auquel je le voyais se livrer excita
ma compassion. Je cherchai à le consoler ; je l'as-
surai que je ne doutais nullement de sa fidélité ;
mais je lui ordonnai de courir aussitôt au port, et
de suivre, s'il en était encore temps, les traces de
l'inconnu. Il y vola, mais un grand nombre de
vaisseaux, retenus depuis longtemps par les vents
contraires, venaient de mettre à la voile pour
toutes les contrées du monde, et l'homme en habit
gris avait disparu, hélas ! comme mon ombre qu'il
emportait, sans laisser de vestiges.

III,

DE quoi serviraient des ailes à qui gémirait dans
les fers ? elles ne feraient qu'accroître son
désespoir. J'étais, comme le dragon qui couve son

trésor, dépourvu de toute consolation humaine,
et misérable au sein de mes richesses ; je les mau-
dissais comme une barrière qui me séparait du
reste des mortels. Seul, renfermant au dedans de
moi-même mon funeste secret, réduit à craindre
le moindre de mes valets, et à envier son sort,
car il pouvait se montrer au soleil et réfléchir devant lui son ombre, j'aigrissais ma douleur en y
rêvant sans cesse. Je ne sortais ni jour ni nuit de
mon appartement ; le désespoir peu à peu s'em-
parait de mon cœur, il le brisait, il allait l'anéantir.

J'avais un ami cependant, qui, sous mes yeux,
se consumait aussi de chagrin : c'était mon fidèle
Bendel, qui ne cessait de s'accuser d'avoir trompé
ma confiance en ne reconnaissant pas l'homme
dont je l'avais chargé de s'informer, et auquel il
devait croire que se rattachaient toutes mes douleurs. Pour moi, je ne pouvais lui faire aucun
reproche ; je ne sentais que trop dans tout ce qui
s'était passé l'ascendant mystérieux de l'inconnu.

Un jour, pour tout essayer, j'envoyai Bendel
avec une riche bague de diamants chez le peintre
le plus renommé de la ville, en le faisant prier de
passer chez moi. Il vint. J'éloignai tous mes gens ;
je fermai soigneusement ma porte ; je fis asseoir
l'artiste à mon côté, et, après avoir loué ses talents,
j'abordai la question, non sans un serrement de
cœur inexprimable. J'avais cependant pris la précaution de lui faire promettre le plus religieux
secret sur la proposition que j'allais lui faire.

« Monsieur le professeur, lui dis-je, vous serait-
il possible de peindre une ombre à un homme qui,
par un enchaînement inouï de malheurs, aurait
perdu la sienne ? — Vous parlez, Monsieur, de
l'ombre portée ? — Oui, Monsieur, de l'ombre
portée, de celle que l'on jette à ses pieds au soleil.

— Mais, poursuivit-il, par quelle négligence, par quelle maladresse cet homme a-t-il donc pu perdre son ombre? — Il importe peu, répartis-je, comment cela s'est fait; cependant je vous dirai (et je sentis qu'il fallait mentir) que, voyageant l'hiver dernier en Russie, son ombre, par un froid extraordinaire, gela si fortement sur la terre, qu'il lui fut impossible de l'en arracher. Il fallut la laisser à la place où le malheur était arrivé. — L'ombre postiche que je pourrais lui peindre, répondit l'artiste, ne résisterait pas au plus léger mouvement; il la perdrait encore infailliblement, lui qui, à en croire votre récit, tenait si faiblement à celle qu'il avait reçue de la nature. Que celui qui ne porte point d'ombre ne s'expose pas au soleil; c'est le plus raisonnable et le plus sûr. » Il se leva à ces mots, et s'éloigna en me lançant un regard pénétrant que je ne pus supporter. Je retombai dans mon fauteuil, et je cachai mon visage dans mes deux mains.

Bendel, en rentrant, me trouva dans cette attitude, et, respectant la douleur de son maître, il allait se retirer en silence. Je levai les yeux; je succombais sous le fardeau de mes peines; il les fallait alléger en les versant dans le sein d'un ami. —« Bendel! lui criai-je, Bendel! toi le seul témoin de ma douleur, qui la respectes, et ne cherches point à en surprendre la cause, qui sembles t'y montrer sensible et la partager en secret, viens près de moi, Bendel, et sois le confident, l'ami de mon cœur. Je ne t'ai point caché l'immensité de mes richesses; je ne veux plus te faire un mystère de mon désespoir. Bendel, ne m'abandonne pas. Tu me vois riche, libéral, et tu penses que le monde devrait m'honorer et me rechercher. Cependant tu me vois fuir le monde; tu me vois mettre entre lui et moi la barrière des portes et des verrous. Bendel, c'est que le monde m'a condamné ; il me repousse, me rejette ; et peut-être me fuiras-tu toi-même lorsque tu sauras mon effroyable secret. Bendel, je suis riche, généreux, bon maître, bon ami, mais, hélas ! je n'ai plus.......... Comment achever, grand Dieu !....... Je n'ai plus... mon ombre. — Plus d'ombre ! s'écria-t-il avec terreur, plus d'ombre ! » Et ses yeux se remplirent de larmes. « Misérable que je suis, d'être condamné à servir un maître qui n'a point d'ombre ! » — Il se tut, et mon visage retomba dans mes deux mains, dont je le couvris de nouveau.

« Bendel, repris-je en hésitant après un assez long silence, Bendel, maintenant tu connais mon secret, et tu peux le trahir. Va, dénonce-moi ; élève contre moi ton témoignage.»—Je m'aperçus qu'un violent combat se passait en lui. Enfin je le vis se précipiter à mes pieds. Il saisit mes mains, les arrosa de ses pleurs, et s'écria : «Non, quoi qu'en pense le monde, je ne puis ni ne veux abandonner mon maître parce qu'il a perdu son ombre. Si je n'agis pas selon la prudence, j'agirai du moins selon la probité. Je demeurerai près de vous ; je vous prêterai le secours de mon ombre ; je vous rendrai tous les services qui pourront dépendre de moi ; je pleurerai du moins avec vous. » A ces mots, je jetai mes bras autour de son cou, je le serrai contre mon cœur, étonné d'un si admirable dévouement, car je voyais bien que ce n'était point le vil appât de l'or qui le portait à se sacrifier ainsi pour moi.

Depuis ce moment mon sort et ma manière de vivre changèrent. On ne saurait croire avec quel zèle, avec quelle adresse Bendel savait remédier à ma déplorable infirmité. Toujours et partout il était près de moi, devant moi, prévoyant tout, pre-

nant les plus ingénieuses précautions, et, si quelque
péril venait à me menacer, plus prompt que l'é-
clair, il accourait et me couvrait de son ombre, car
il était plus grand et plus puissant que moi. Alors
je pus me hasarder de nouveau parmi les hommes,
et reprendre un rôle dans la·société. Ma situation
me forçait, à la vérité, à affecter diverses bizarre-
ries, mais elles siéent si bien aux riches ! et, tant
que la vérité demeurait cachée, je jouissais doucement des honneurs et des respects que l'on doit
à l'opulence.— J'attendais avec plus de tranquillité
l'époque à laquelle le mystérieux inconnu m'avait
annoncé sa visite.

Je sentais cependant très-bien que j'aurais tort
de m'arrêter longtemps dans un lieu où j'avais
été vu sans mon ombre, et dans lequel je pouvais
être reconnu d'un moment à l'autre. Je me rap-
pelais aussi, et peut-être étais-je le seul à y songer,
l'humble manière dont je m'étais présenté chez
M. John, et ce souvenir m'était désagréable. Je ne
voulais donc qu'apprendre et répéter ici mon rôle,
afin de le jouer ailleurs avec plus d'assurance.
Cependant, je fus arrêté quelque temps par ma
vanité.

Fanny, la beauté du jour, celle même que j'avais
vue briller chez M. John, et que je rencontrai
ailleurs sans qu'elle se doutât de m'avoir jamais
vu, Fanny, dis-je, m'honora de quelque attention,
car maintenant j'avais de l'esprit, de l'agrément, de
la délicatesse ; on m'écoutait dès que j'ouvrais la
bouche, et je ne savais pas moi-même comment
j'avais pu apprendre si vite à manier la parole avec
tant d'art, à diriger la conversation avec tant de
supériorité. L'impression que je crus avoir faite
sur cette dame produisit en moi tout l'effet qu'elle
désirait ; elle me tourna la tête, et dès lors je ne

cessai de la suivre, non sans peine ni sans danger,
à la faveur de l'ombre et du crépuscule. J'étais vain
de la voir mettre son orgueil à me retenir dans
ses chaînes. Je ne réussis pas cependant à faire
passer jusque dans mon cœur l'ivresse de ma
vanité.

Mais à quoi bon, ami, te rapporter longuement
tous les détails d'une histoire aussi vulgaire. Toi-
même souvent tu m'en as raconté de semblables,
dont tant d'honnêtes gens ont été les héros ! Cependant, la pièce usée dans laquelle je jouais un
rôle rebattu eut cette fois un dénoûment nouveau
et fort inattendu.

Un soir où, suivant ma coutume, j'avais rassemblé dans un jardin magnifiquement illuminé
une société nombreuse et choisie, je m'enfonçai
avec ma maîtresse dans un bosquet écarté. Je lui
donnais le bras ; je lui disais des douceurs ; son
regard était modestement baissé, et sa main répondait légèrement à l'étreinte de la mienne,
lorsque inopinément la lune apparut derrière
nous, sortant du sein d'un épais nuage. Elle ne
réfléchit que la seule ombre de Fanny, qui, surprise, me regarda d'abord, puis reporta ses yeux
à terre, y cherchant avec inquiétude l'image de
celui qui était à ses côtés. Ce qui se passait en
elle se peignit d'une manière si bizarre sur sa
physionomie, que je n'aurais pu m'empêcher d'en
rire aux éclats, si, au même moment, songeant à
moi-même, un frisson glacial ne m'eût saisi.

Cependant Fanny perdit l'usage de ses sens. Je
la laissai se dégager de mes bras, et, perçant comme
un trait la foule de mes hôtes, je gagnai la porte,
me jetai dans la première voiture qui se rencon-
tra, et revins précipitamment à la ville, où, pour
mon malheur, j'avais laissé cette fois le circon-

spect Bendel. Le désordre qui se peignait dans tous
mes traits l'effraya d'abord; un mot lui révéla
tout. Des chevaux de poste furent à l'instant
commandés. Je ne pris avec moi qu'un seul de
mes gens, un certain Rascal. C'était un insigne
vaurien, mais adroit, expéditif, industrieux. Il avait
su se rendre nécessaire, et d'ailleurs il ne pouvait
se douter de ce qui venait d'arriver. Je laissai derrière moi, cette nuit-là même, plus de trente
lieues de pays. Bendel était resté pour congédier
mes gens, répandre de l'or, régler mes affaires,
et m'apporter tout ce dont on a besoin en voyage.
Quand, le jour suivant, il m'eut rejoint, je me
jetai dans ses bras et lui jurai, sinon de ne plus
faire de sottises, du moins d'être plus circonspect
à l'avenir. Nous poursuivîmes jour et nuit notre
route, passâmes la frontière, traversâmes les montagnes, et ce ne fut qu'après avoir mis cette barrière entre le théâtre de mes infortunes et moi,
que je consentis à m'arrêter pour respirer. Des
bains que l'on disait peu fréquentés se trouvaient
dans le voisinage. Ce fut là où je résolus de me
rendre pour me remettre de mes fatigues.

IV.

Je serai forcé de glisser rapidement sur une
époque de mon histoire où je trouverais tant
de plaisir à m'arrêter, si ma mémoire pouvait suffire à retracer ce qui en faisait le charme. Mais les
couleurs dont elle a brillé sont ternies pour moi
et ne sauraient plus revivre dans mon récit. Je

chercherais en vain dans mon cœur ce trouble
cruel et délicieux qui en précipitait les battements,
ces peines bizarres, cette félicité, cette émotion
religieuse et profonde. En vain je frappe le rocher,
une eau vive ne peut plus en jaillir; le Dieu s'est
retiré de moi.

Oh! de quel œil indifférent je regarde aujour-
d'hui ce temps qui n'est plus! Je me disposais à
jouer dans ce lieu un personnage important;
mais, novice dans un rôle mal étudié, je me
trouble et balbutie, ébloui par deux beaux yeux.
Les parents, qu'abusent les apparences, s'empressent de conclure le mariage de leur fille, et une
mystification est le dénoûment de cette scène
commune. Tout céla me semble aujourd'hui misérable et ridicule, et je m'effraye cependant de
trouver ridicule et misérable ce qui alors, source
d'émotions, gonflait ma poitrine et précipitait les
mouvements de mon cœur. Je pleure, Mina,
comme au jour où je te perdis. Je pleure d'avoir
perdu mes douleurs et ton image. Suis-je donc
devenu si vieux? O cruelle raison!... Seulement
encore un battement de mon cœur! un instant de
ce songe! un souvenir de mes illusions! Mais
non, je vogue solitaire sur le cours décroissant
du fleuve des âges, et la coupe enchantée est
tarie.

Bendel avait pris les devants pour me procurer
un logement convenable à ma situation. L'or
qu'il sema à pleines mains et l'ambiguïté de ses
expressions sur l'homme de distinction qu'il servait (car je n'avais pas voulu qu'il me nommât)
inspirèrent au bon peuple de cette petite ville une
singulière idée. Dès que ma maison fut prête à me
recevoir, Bendel vint me retrouver, et je continuai
avec lui mon voyage.

La foule hous barra le chemin environ à une lieue de la ville, dans un endroit découvert; la voiture s'arrêta. Le son des cloches, le bruit du canon et celui d'une musique brillante et guerrière se firent entendre à la fois. Enfin, un *vivat* universel retentit dans les airs.

Alors une troupe de jeunes filles vêtues de blanc s'avança à la portière de la voiture; la plupart étaient d'une grande beauté, mais l'une d'elles les éclipsait toutes, comme l'aurore fait pâlir les étoiles de la nuit. Elle s'avança la première en rougissant, et, fléchissant le genou, me présenta, sur un riche coussin, une couronne de laurier, de roses et d'olivier. Je ne compris pas le compliment qu'elle m'adressa en balbutiant; je n'entendis que les mots d'amour, de respect, de majesté; mais le son de sa voix fit tressaillir mon cœur. Je crus retrouver, tracés dans ma mémoire, les traits déjà connus de cette figure céleste. Cependant le chœur des jeunes filles entonna les louanges d'un bon roi, et chanta le bonheur de ses peuples.

Remarque, cher ami, que cette rencontre avait lieu en plein soleil, et moi, privé de mon ombre, je ne pouvais me précipiter hors de cette prison roulante où j'étais enfermé; je ne pouvais tomber à mon tour aux genoux de cette angélique créature. Oh! que n'aurais-je point en cet instant donné pour avoir mon ombre! Il me fallut cacher dans le fond de mon carrosse ma honte et mon désespoir. Bendel prit enfin le parti d'agir en mon nom; il descendit, et, comme interprète de son maître, déclara que je ne devais ni ne voulais accepter de tels témoignages de respect, qui ne pouvaient m'être adressés que par une méprise; mais que cependant je remerciais les habitants de la

ville de leur obligeant accueil. Je tirai de mon
écrin, qui était à ma portée, un riche diadème de
diamants, destiné naguères à parer le front de la
belle Fanny, et le remis à mon orateur. Il prit sur
le coussin la couronne qui m'était présentée, posa
le diadème à la place, offrit la main à la jeune
personne, l'aida à se relever, et la reconduisit vers
ses compagnes. Il congédia d'un geste de protection le clergé, les magistrats et les députations
des différents corps, ordonna à la foule d'ouvrir
le passage, et remonta lestement dans la voiture,
qui partit au grand galop des chevaux. Nous entrâmes dans la ville en passant sous un arc de
triomphe qu'on avait élevé à la hâte et décoré de
fleurs et de branches de laurier. Cependant le
canon ne cessait de tonner. La voiture s'arrêta
devant mon hôtel. J'y entrai avec précipitation,
obligé, pour gagner ma porte, de fendre les flots
de la foule, que la curiosité et le désir de voir
ma personne avaient rassemblée à l'entour. Le
peuple criait *vivat* sous mes fenêtres, et j'en fis
pleuvoir des ducats. Enfin, le soir, la ville fut
spontanément illuminée.

Je ne savais encore ce que tout cela signifiait,
ni pour qui on me prenait; j'envoyai Rascal aux
informations. On lui raconta comment on avait eu
la nouvelle certaine que le roi de Prusse voya-
geait dans le pays sous le simple titre de comte;
comment mon chambellan s'était trahi et m'avait
fait découvrir; et, enfin, quelle avait été la joie
publique à la certitude de me posséder dans ces
murs.

Maintenant que l'on voyait quel strict incognito
je voulais garder, on se désolait d'avoir si indiscrè-
tement soulevé le voile dont je m'enveloppais.
Cependant ma colère avait été mêlée de tant de

marques de clémence et de grâce, que l'on espé-
rait que je voudrais bien pardonner aux habitants
en faveur de leur bonne intention.

La chose parut si plaisante à mon coquin, que,
par ses discours insidieux et ses graves remon-
trances, il fit tout ce qui dépendait de lui pour
affermir ces bonnes gens dans leur opinion. Il me
rapporta ces nouvelles avec beaucoup de gaieté, et,
voyant qu'il me divertissait, il alla jusqu'à se van-
ter de son espièglerie. Faut-il l'avouer? j'étais en
secret flatté des honneurs que je recevais, bien
que je susse qu'ils s'adressaient à un autre.

J'ordonnai de préparer pour le lendemain au
soir, sous les arbres qui ornaient la place où donnaient mes fenêtres, une fête, à laquelle je fis
inviter toute la ville. La vertu secrète de ma
bourse, l'activité de Bendel, l'adresse inventive de
l'ingénieux Rascal, levèrent tous les obstacles, et
triomphèrent de la brièveté du temps. Tout s'ar-
rangea avec un ordre et une précision admirables.
Magnificence, délicatesse, profusion, rien ne manqua. L'illumination brillante était disposée avec
tant d'art, que je n'avais rien à craindre ; je n'eus,
en un mot, que des louanges à donner à mes serviteurs.

A l'heure indiquée, tout le monde arriva, et
chaque personne me fut présentée. Le mot de
Majesté ne fut plus prononcé, mais chacun me
salua avec le plus profond respect sous le nom de
comte. Que pouvais-je faire? J'acceptai le titre, et
me laissai nommer le comte Pierre. Cependant,
au milieu de cette foule empressée et joyeuse,
mon âme ne soupirait qu'après un seul objet. Elle
parut enfin, bien tard au gré de mon impatience,
celle qui, digne de la couronne, en portait sur
son front le simulacre — le diadème que Bendel

avait échangé contre l'offrande de cette bonne
ville. Elle suivait modestement ses parents, et
semblait seule ignorer qu'elle était la plus belle.
On me nomma M. l'inspecteur des forêts, Madame
son épouse et Mademoiselle sa fille. Je réussis à
dire mille choses agréables et obligeantes aux parents, mais je restai devant leur fille muet et
déconcerté, comme l'enfant qui vient d'être pris
en faute ; enfin je la suppliai, en balbutiant, d'honorer cette fête en y acceptant le rang dû à ses
grâces et à sa beauté. Elle sembla, d'un coup d'œil
expressif et touchant, réclamer mon indulgence ;
mais, aussi timide qu'elle-même, je ne pus que lui
offrir en hésitant mes hommages comme à la reine
de la fête. La beauté de mon choix réunit facilement tous les suffrages ; on adora en elle la faveur
et l'innocence, qui a bien aussi sa majesté. Les
heureux parents de Mina s'attribuaient les respects
que l'on rendait à leur fille. Quant à moi, j'étais
dans une ivresse difficile à décrire. Sur la fin du
repas, je fis apporter dans deux bassins couverts
toutes les perles, tous les bijoux, tous les diamants
dont j'avais autrefois fait emplette pour me débarrasser d'une partie de mon or, et je les fis distri-
buer, au nom de la reine, à toutes ses compagnes
et à toutes les dames. Cependant, du haut des
différents buffets élevés derrière les tables, on jetait sans interruption des pièces d'or au peuple
rassemblé sur la place.

Bendel, le lendemain matin, me prévint en con-
fidence que les soupçons qu'il avait conçus depuis
longtemps sur la fidélité de Rascal s'étaient enfin
changés en certitude. « Hier, pendant la fête, me
dit-il, je l'ai vu détourner et s'approprier plusieurs
sacs pleins d'or. — N'envions point, lui répondis-
je, à ce pauvre diable le chétif butin qu'il a pu

faire. J'en enrichis bien d'autres ; pourquoi celui-là ne tirerait-il pas parti de la circonstance ? Il m'a bien servi hier, ainsi que les gens que tu as nouvellement attachés à mon service ; ils ont tous contribué à ma joie, il est juste qu'ils y trouvent leur profit. »

Il n'en fut plus question. Rascal resta le premier de mes domestiques, car Bendel était mon confident et mon ami. Celui-ci s'était accoutumé à regarder mes richesses comme inépuisables, sans jamais s'enquérir quelle en pouvait être la source. Se conformant à mes caprices, il m'aidait à inventer des occasions de faire parade de mes trésors et de les prodiguer. Quant à l'inconnu, il savait seulement que je croyais ne pouvoir attendre que de lui la fin de mon opprobre. Il me voyait en même temps redouter cet être énigmatique en qui je mettais ma dernière espérance, et, persuadé de l'inutilité de toute perquisition, me résigner à attendre le jour que lui-même m'avait fixé pour une entrevue.

La magnificence de ma fête et la manière dont j'avais représenté confirmèrent d'abord les habitants de la ville dans leur prévention. Cependant, les gazettes ayant démenti le bruit du prétendu voyage de S. M. Prussienne, les conjectures se tournèrent d'un autre côté. Il fallait absolument que je fusse roi, et l'une des plus riches et des plus royales majestés qui eussent jamais existé. Seulement on se demandait quel pouvait être mon empire. Le monde n'a jamais eu, à ce que je sache, à se plaindre de la disette de monarques, et moins de nos jours que jamais. Ces bonnes gens, qui cependant n'en avaient encore vu aucun de leurs yeux, devinaient l'énigme avec autant de bonheur les uns que les autres. J'étais tantôt un souverain

du Nord, tantôt un potentat du Midi. Et, en attendant, le comte Pierre restait toujours le comte
Pierre.

Un jour il arriva aux bains un négociant qui
avait fait banqueroute pour s'enrichir : il jouissait
de la considération générale, et réfléchissait devant
lui une ombre passablement large, quoique un
peu pâle. Il venait dans ce lieu pour dépenser
avec honneur les biens qu'il avait amassés. Il lui
prit envie de rivaliser avec moi et de chercher à
m'éclipser; mais, grâce à ma bourse, je menai
d'une telle façon le pauvre diable, que, pour sauver son crédit et sa réputation, il lui fallut manquer derechef, et repasser les montagnes; ainsi
j'en fus débarrassé. — Oh! que de vauriens et de
fainéants j'ai faits dans ce pays!

Au milieu du faste vraiment royal qui m'environnait, et des profusions immenses de tous
genres par lesquelles je me soumettais tout, je
vivais dans l'intérieur de ma maison très-solitaire
et très-retiré; je m'étais fait une règle de la plus
exacte circonspection : personne, excepté Bendel,
n'entrait, sous aucun prétexte que ce fût, dans la
chambre que j'habitais. Je m'y tenais, tant que le
soleil éclairait l'horizon, exactement renfermé avec
mon confident, et l'on disait que le comte travail-
lait dans son cabinet; on supposait que les nombreux courriers que j'expédiais pour les moindres
futilités étaient porteurs des résultats de ce travail.
Je ne recevais que le soir, dans mes salons ou dans
mes jardins illuminés avec éclat, mais toujours
avec prudence, par les soins de Bendel, et toujours surveillé par ses yeux d'Argus; je ne sortais
que pour suivre la jolie Mina au jardin de l'inspecteur des forêts, car mon amour faisait le seul
charme de ma vie.

Oh! mon cher Adelbert! j'espère que tu n'as pas encore oublié ce que c'est que l'amour! Je te laisserai ici une grande lacune à remplir. Mina était en effet une bonne, une aimable enfant; j'avais enchaîné toutes les puissances de son être. Elle se demandait, dans son humilité, comment elle avait pu mériter que je jetasse les yeux sur elle. Elle me rendait amour pour amour; elle m'aimait avec toute l'énergie d'un cœur innocent et neuf. Elle m'aimait comme les femmes savent aimer : s'ignorant, se sacrifiant elle-même, sans savoir ce que c'est qu'un sacrifice, ne songeant qu'à l'objet aimé, ne vivant qu'en lui, que pour lui : oui, j'étais aimé!

Et moi cependant, oh! quelles heures terribles, heures pourtant que rappellent mes regrets, j'ai passées dans les larmes, entre les bras de Bendel, depuis que, revenu d'une première ivresse, je fus rentré dans moi-même! Moi, dont le barbare égoïsme, du sein de mon ignominie, abusait, trahissait, entraînait après moi dans le précipice cette âme pure et angélique. Alors je prenais la résolution de m'accuser moi-même devant elle; ou soudain je faisais le serment de m'arracher de ces lieux, de fuir pour jamais sa présence; puis, je répandais de nouveaux torrents de larmes, et je finissais par concerter avec Bendel les moyens de la revoir le soir même dans le jardin de son père.

D'autres fois je cherchais à me flatter de l'espérance de la visite prochaine de l'homme en habit gris; mais mes larmes coulaient de nouveau, lorsque en vain j'avais essayé de me repaître de chimères. J'avais sans cesse devant les yeux le jour qu'il avait fixé pour me revoir, jour aussi redouté qu'impatiemment attendu. Il avait dit: « D'aujourd'hui en un an », et j'ajoutais foi à sa parole.

Les parents de Mina étaient de bonnes gens, qui, sur le retour de l'âge, n'avaient d'autre affection que le tendre amour qu'ils portaient à leur fille unique. Notre amour les surprit avant qu'ils s'en fussent avisés, et, dominés par les événements, ils ne savaient à quoi se résoudre. Il ne leur était pas d'abord venu dans l'esprit que le comte Pierre pût jeter les yeux sur leur enfant, et voilà qu'il l'aimait et qu'il en était aimé. La vanité de la mère allait jusqu'à se bercer de la possibilité d'une alliance, dont elle cherchait même à aplanir les voies; mais le bon sens du père se refusait à une aussi folle ambition. Tous deux cependant étaient également convaincus de la pureté de mes sentiments; ils ne pouvaient que prier Dieu pour le bonheur de leur fille.

Une lettre de Mina, écrite dans ce temps, me tombe en ce moment sous la main. Oui, c'est son écriture! je vais te la transcrire.

« J'ai de bien folles pensées. Je m'imagine que mon ami, parce que j'ai pour lui beaucoup d'amour, pourrait craindre de m'affliger. Tu es si bon, si incomparablement bon! Entends-moi bien : il ne faut pas que tu me fasses aucun sacrifice; il ne faut pas que tu veuilles m'en faire aucun. Mon Dieu, si je le croyais, je pourrais me haïr! Non; tu m'as rendue infiniment heureuse, tu t'es fait aimer. Pars. Je n'ignore pas mon destin. Le comte Pierre ne saurait m'appartenir! il appartient au monde entier. Avec quel orgueil j'entendrai dire : Voilà où il a passé; voilà ce qu'il a fait; voilà ce qu'on lui doit; là, on a béni son nom, et là on l'a adoré! Quand j'y songe, je pourrais t'en vouloir d'oublier tes grandes destinées auprès d'une pauvre enfant. Pars, mon ami, ou cette pensée détruira mon bonheur, moi qui suis par toi si heureuse. N'ai-je pas orné ta vie d'un bouton de rose comme j'en avais mêlé dans la couronne que je t'offris? Ne crains pas de me quitter, ô mon ami; je te possède tout entier dans mon cœur. Je mourrai, je mourrai heureuse, oui, au comble du bonheur, par toi, pour toi. »

Je te laisse à penser combien ces lignes me déchirèrent le cœur. Je lui déclarai un jour que je n'étais nullement ce que l'on semblait me croire; que je n'étais qu'un particulier riche, mais infiniment misérable; que je lui faisais un mystère de la malédiction qui pesait sur ma tête, parce que je n'étais pas encore sans espérance de la voir finir; mais que ce qui empoisonnait la félicité de mes jours, c'était l'appréhension d'entraîner après moi dans l'abîme celle qui était, à mes yeux, l'ange consolateur de ma destinée. Elle pleurait de me voir malheureux. Loin de reculer devant les sacrifices de l'amour, elle eût volontiers donné toute son existence pour racheter une seule de mes larmes.

Mina interpréta autrement ces paroles; elle me supposa quelque illustre proscrit dont la fureur des partis poursuivait la tête, et son imagination ne cessait d'entourer son ami d'images héroïques.

Un jour, je lui dis : « Mina, le dernier jour du mois prochain décidera de mon sort; mais si l'espérance m'abuse, je ne veux point ton malheur; il ne me restera qu'à mourir. » A ces mots, elle cacha son visage dans mon sein. « Si ton sort change, me dit-elle, laisse-moi seulement te savoir heureux. Je ne prétends point à toi; mais si le malheur s'appesantit sur ta tête, attache-moi à ton destin, et laisse-moi t'aider à le supporter.

— O mon amie, quelles indiscrètes paroles se sont échappées de tes lèvres! Rétracte! rétracte

ce vœu téméraire! Connais-tu le destin que tu
t'offres à partager, et l'anathème qui me flétrit? Me
connais-tu bien? Sais-tu...? Ne me vois-tu pas
frémir et hésiter? Ne me vois-tu pas, dans mon
désespoir, entretenir un fatal secret entre toi et
moi? » Elle tomba à mes pieds en sanglotant, et
me répéta avec serment la même prière.

L'inspecteur entra, et je lui déclarai que mon
intention était de faire la demande solennelle
de la main de sa fille le premier jour du mois
suivant. Je ne lui précisais ce temps, ajoutai-je,
que parce que d'ici là certains événements pourraient beaucoup influer sur ma position, mais
que mes sentiments pour sa fille étaient inalté-
rables.

Le bonhomme parut confondu d'une telle proposition de la part du comte Pierre. L'amour
paternel a aussi son orgueil. Ravi de la brillante
destinée offerte à sa fille, il me sauta cordialement
au cou; puis, revenant de son émotion, il sembla
confus de s'être un instant oublié. Cependant, au
milieu de sa joie, il lui vint quelque scrupule. Il
parla de sûretés pour l'avenir, du sort qu'il devait
chercher à régler en faveur de son enfant: le mot
de *dot* enfin lui échappa. Je le remerciai de m'y
avoir fait songer, et j'ajoutai que, désirant me
fixer dans un pays où je paraissais aimé, pour y
mener une vie retirée et libre, je le priais d'acheter,
sous le nom de sa fille, les plus belles terres qui
se trouveraient en vente dans les environs, et d'en
assigner le payement sur ma cassette. Je le laissais,
lui dis-je, maître de tout, parce que, dans cette
occasion, c'était un père à servir un amant. Cette
commission, dont il se chargea avec joie, ne fut
pas pour lui sans peines, car un inconnu mettait
partout l'enchère sur les biens sur lesquels il jetait

les yeux ; aussi ne put-il en acquérir que pour
environ la somme d'un million.

J'avoue que je n'étais pas fâché de lui procurer
quelque occupation qui l'éloignât de nous. C'était
une ruse que j'avais déjà employée plusieurs fois,
car le bonhomme ne laissait pas que d'être un peu
fatigant. Pour la mère, elle avait l'ouïe dure, et n'é-
tait pas, comme son mari, jalouse de l'honneur d'entretenir monsieur le comte. Ces heureux parents
me pressèrent de prolonger avec eux la soirée. Il
fallut me refuser à leurs instances. Nous étions
au milieu du jardin, et déjà je voyais la clarté de
la lune s'élever à l'horizon ; je n'avais pas une
minute à perdre : mon temps était accompli.

Le lendemain je revins au même lieu. J'avais
jeté mon manteau sur mes épaules et rabattu mon
chapeau sur mes yeux ; je m'avançai vers Mina ;
elle leva les yeux sur moi et tressaillit. A ce mouvement, je me rappelai cette nuit lugubre où,
jadis, je m'étais exposé sans ombre aux rayons de
la lune. En effet, c'était elle-même que j'avais vue
cette nuit-là ; m'avait-elle aussi reconnu ? Elle était
silencieuse et abattue ; ma poitrine était oppressée.
Je me levai de mon siége. Elle se jeta sans rien
dire dans mon sein et l'inonda de ses pleurs. Je
m'éloignai.

Souvent, depuis lors, je la trouvai dans les
larmes, et l'avenir s'obscurcit de plus en plus pour
moi. Ses parents, cependant, étaient au comble
du bonheur.

La veille du jour fatal arriva. A peine pouvais-je
respirer. J'avais, par précaution, rempli d'or un
assez grand nombre de caisses. J'attendais avec
impatience la douzième heure. Elle sonna. Assis
vis-à-vis de la pendule, l'œil fixé sur les aiguilles,
chaque minute, chaque seconde que je comptais,

était un coup de poignard. Je tressaillais au moindre
bruit qui se faisait entendre. Le jour se leva, les
heures se succédèrent lentement, comme si elles
avaient eu des ailes de plomb; la nuit survint.
Onze heures sonnèrent. Les dernières minutes,
les dernières secondes de la dernière heure s'é-
coulèrent; personne ne parut. Voilà minuit!... Je
compte, les uns après les autres, les douze coups
de la cloche; au dernier, mes larmes s'échappèrent
comme un torrent, et je tombai à la renverse sur
mon lit de douleurs. Je n'avais plus d'espérance
et je devais, à jamais sans ombre, demander le
lendemain la main de ma maîtresse. Un sommeil
plein d'angoisse me ferma les yeux vers le matin.

V.

IL était encore de bonne heure lorsque je fus
réveillé par des voix qui s'élevaient avec véhémence dans mon antichambre. Je prêtai l'oreille :
Bendel défendait ma porte ; Rascal jurait qu'il ne
recevrait point d'ordre de son égal, et prétendait
entrer malgré lui dans mon appartement. Bendel
lui représentait avec douceur que ces propos, s'ils
parvenaient à mon oreille, le feraient renvoyer
d'un service auquel il devait attacher son propre
intérêt. Rascal le menaçait de porter la main sur
lui s'il s'obstinait plus longtemps à lui barrer le
passage.
Je m'étais habillé à demi ; j'ouvris ma porte avec
colère, et m'avançai vers Rascal en l'apostrophant :

« Que prétends-tu, misérable ?... » Il recula d'un pas et me répondit avec le plus grand sang-froid : « Vous supplier humblement, monsieur le comte, de me faire voir enfin votre ombre; tenez, le plus beau soleil luit maintenant dans votre cour. » Je demeurai immobile et comme frappé de la foudre. Il se passa quelque temps sans que je retrouvasse l'usage de la parole. « Comment un valet peut-il, vis-à-vis de son maître ?... » Il m'interrompit : « Un valet peut être fort honnête homme, et ne pas vouloir servir un maître qui n'a pas d'ombre. Donnez-moi mon congé. » Il fallait changer de ton : « Mais, Rascal, mon cher Rascal, qui t'a pu donner cette malheureuse idée ? Comment peux tu croire ?... » Il continua comme il avait commencé : « Il y a des gens qui prétendent que vous n'avez point d'ombre, et, en un mot, vous me montrerez votre ombre, ou vous me donnerez mon congé. »

Bendel, pâle et tremblant, mais avec une présence d'esprit que je n'avais plus, me fit un signe, et j'eus recours à la puissance de mon or : il avait perdu sa vertu. Rascal jeta à mes pieds celui que je lui offris : « Je n'accepte rien d'un homme sans ombre. » Il me tourna le dos, enfonça son chapeau sur sa tête, et sortit lentement, en sifflant son air favori. Bendel et moi nous restâmes pétrifiés, et le regardâmes sortir, stupéfaits et immobiles.

Enfin, la mort dans le cœur, je me préparai à dégager ma parole et à paraître dans le jardin de l'inspecteur, comme un criminel devant ses juges. Je descendis sous l'épais berceau de verdure, auquel on avait donné mon nom et où l'on devait m'attendre. Ce jour-là, la mère vint à moi, le front serein et le cœur plein d'espérance. Mina était assise belle et pâle comme la neige légère qui vient quelquefois, en automne, surprendre les dernières fleurs. L'inspecteur, une feuille de papier écrite à la main, se promenait à grands pas ; il semblait se contraindre avec effort ; la rougeur et la pâleur se succédaient sur son visage, et sa physionomie, d'ailleurs peu mobile, trahissait l'agitation de son âme. Il vint à moi, et, s'interrompant à diverses reprises, me témoigna le désir de m'entretenir en particulier. L'allée dans laquelle il m'invitait à le suivre conduisait à une plate-forme ouverte et éclairée par le soleil. Je me laissai tomber, sans lui répondre, sur un siége qui se trouvait là, et il se fit un long silence.

L'inspecteur, cependant, continuait à parcourir le bosquet à pas inégaux et précipités. S'arrêtant enfin devant moi, il regarda encore le papier qu'il tenait à la main ; puis, me fixant d'un regard perçant, il m'adressa cette question : « Serait-il vrai, monsieur le comte, qu'un certain Pierre Schlémihl ne vous fût pas inconnu ? » Je gardai le silence, et il continua : « Un homme d'un caractère distingué, de vertus singulières ?... » Il attendait une réponse « Eh bien ? lui dis-je, si c'était moi ? — Un homme, s'écria-t-il, qui a perdu son ombre !

— O mes funestes pressentiments ! s'écria Mina ; oui ! je le sais depuis longtemps, il n'a point d'ombre. » A ces mots elle se jeta dans les bras de sa mère, qui, pleine d'effroi, la serra contre son sein, lui reprochant d'avoir pu taire cet horrible mystère. Elle était comme Aréthuse, changée en une fontaine de larmes, qui redoublaient au son de ma voix, accompagnées de sanglots convulsifs.

« Et vous avez eu l'impudence, reprit le fores-

tier furieux, de tromper, ainsi que moi, celle que
vous prétendiez aimer, celle que vous avez perdue ! Voyez-la, contemplez votre ouvrage, malheureux que vous êtes ! »

J'étais tellement troublé, que mes premières
paroles ressemblèrent à celles d'un homme en
délire. Je balbutiai qu'une ombre n'était à la fin
qu'une ombre ; qu'on pouvait s'en passer, et que
ce n'était pas la peine de faire tant de bruit pour
si peu de chose ; mais je sentais parfaitement moi-
même le peu de fondement et le ridicule de ce
que je disais, et je cessai de parler sans qu'il eût
daigné m'interrompre. « Oui, j'ai perdu mon
ombre, ajoutai-je alors, mais je puis la retrouver. »

Il m'interpella d'un ton menaçant : « Dites-le
moi, Monsieur, comment avez-vous perdu votre
ombre ? » Il me fallut de nouveau mentir. « Un
jour, lui dis-je, un malotru marcha dessus si lour-
dement, qu'il y fit un grand trou ; je l'ai donnée à
raccommoder, car que ne fait on pas pour de l'argent ! on devait me la rapporter hier.

— Fort bien, Monsieur, reprit l'inspecteur des
forêts ; vous recherchez la main de ma fille ; d'autres y aspirent comme vous ; c'est à moi, en qualité de père, à décider de son sort. Je vous donne
trois jours pour chercher une ombre ; si d'ici à
trois jours vous vous présentez devant moi avec
une ombre qui vous aille bien, vous serez le bienvenu ; mais, je vous le déclare, le quatrième ma
fille sera l'épouse d'un autre. »

Je voulus essayer d'adresser encore quelques
paroles à Mina, mais elle se cacha en sanglotant
dans le sein de sa mère, et celle-ci, me repous-
sant du geste, me commanda de m'éloigner. Je
sortis en chancelant du jardin, et il me sembla
que le paradis se fermait derrière moi, et que

j'étais poursuivi par l'épée flamboyante de l'ange des vengeances.

Échappé à la vigilance de Bendel, je me jetai dans la campagne, et parcourus au hasard les bruyères et les bois. Une sueur froide découlait de mon front; de sourds gémissements sortaient du fond de ma poitrine; un affreux délire m'agitait. J'ignore combien de temps pouvait s'être écoulé, lorsque, sur la pente d'une colline, éclairée des rayons du soleil, je me sentis arrêter par la basque de mon habit. Je me retournai : c'était l'homme en habit gris, qui paraissait m'avoir poursuivi à perte d'haleine. Il prit sur-le-champ la parole. « Je vous avais annoncé mon retour pour aujourd'hui ; mais nous n'avez pas eu la patience de m'attendre; c'est égal, rien n'est encore perdu. Vous suivrez mon conseil, vous rachèterez votre ombre que je vous rapporte, et retournerez sur-le-champ sur vos pas; vous serez le bienvenu dans le jardin de l'inspecteur, et tout ce qui s'est passé n'aura été qu'une espièglerie. Quant à Rascal, qui vous a trahi et qui vous supplante auprès de votre maîtresse, j'en fais mon affaire : le scélérat est mûr. »

Je crus rêver : « annoncé son retour pour aujourd'hui. » J'y réfléchis de nouveau. Il avait raison : je m'étais constamment trompé d'un jour dans mon calcul. Ma main cherchait la bourse dans mon sein. L'homme en habit gris devina ma pensée, et, reculant de deux pas : « Non, monsieur le comte, me dit-il, elle est en de trop bonnes mains ; conservez-la. » Je l'interrogeais d'un regard fixe et étonné; il poursuivit : « Je ne demande qu'une légère marque de votre souvenir : vous voudrez bien me signer ce billet. » Le parchemin contenait ces mots :

*Je soussigné lègue au porteur du présent mon
âme après sa séparation naturelle de mon corps.*

Muet d'étonnement, je considérais tour à tour
et le billet et l'inconnu. Il avait cependant recueilli
sur ma main, avec le bec d'une plume nouvellement taillée, une goutte de sang qui coulait des
blessures que les épines m'avaient faites, et il me
la présentait.

« Qui donc êtes-vous ? » lui dis-je à la fin. —
« Que vous importe ? me répondit-il, et d'ailleurs
ne le voyez-vous pas ? Je suis un pauvre diable,
une espèce de savant, de physicien, qui pour prix
de tout le mal qu'il se donne à servir ses amis,
n'est payé par eux que d'ingratitude, et n'a d'autre
amusement dans ce monde que celui qu'il prend
à ses expériences. Mais, signez donc ! là, au bas de
l'écriture, *Pierre Schlémihl.* »

Je secouai la tête, et lui dis : « Pardonnez-moi,
Monsieur, je ne signerai pas. — Vous ne signerez
pas ! reprit-il avec l'expression de la surprise. Et
pourquoi pas ? — Mais, lui dis-je, il me semble
que c'est une chose qui mérite au moins réflexion : racheter mon ombre au prix de mon âme !
— Ah ! ah ! reprit-il en partant d'un grand éclat
de rire, une chose qui mérite réflexion ! Mais,
oserai-je vous demander, Monsieur, ce que c'est
que votre âme ? L'avez-vous jamais vue ? Et que
comptez-vous en faire quand vous serez mort ?
Estimez-vous heureux de trouver un amateur qui,
de votre vivant, mette au legs de cet X algébrique,
de cette force galvanique ou de polarisation, de
cette *entelechie*, de cette sotte chose, quelle qu'elle
soit, un prix très-réel, le prix de votre ombre,
auquel sont attachés la possession de votre maîtresse et l'accompiissement de tous vos vœux ;
ou voulez-vous plutôt la livrer vous-même, la

pauvre Mina, aux griffes de cet infâme Rascal ?
Venez, je veux vous le faire voir de vos propres
yeux ; je vous prêterai ce bonnet de nuage (il
tirait quelque chose de sa poche), et nous irons,
sans qu'on nous voie, faire un tour au jardin de
l'inspecteur. »

Je l'avouerai, j'étais humilié d'entendre cet
homme rire à mes dépens ; il m'était odieux, je
le haïssais de tout mon cœur, et je crois que cette
antipathie naturelle contribua plus que mes principes ou mes préjugés à me faire refuser la signature qu'il me demandait pour prix de mon ombre,
quelque nécessaire qu'elle me fût en ce moment.
Rien au monde n'aurait pu m'engager à faire dans
sa compagnie le pèlerinage qu'il me proposait ;
voir entre moi et mon amie, entre nos cœurs dé-
chirés, ce hideux rieur aux écoutes, et endurer
ses moqueries ! Cette idée me révoltait, elle bou-
leversait tous mes sens ; je considérai les événements passés comme une destinée irrévocable, et
ma misère comme consommée. Je repris la parole
et lui dis :

« Monsieur, je vous ai vendu mon ombre pour
cette bourse merveilleuse, et je m'en suis assez
repenti ; voulez-vous revenir sur le marché, au
nom de Dieu ! » Il secoua la tête, et une hideuse
grimace donna à ses traits l'expression la plus sinistre. Je poursuivis : « Eh bien, je ne vous ven-
drai plus rien qui m'appartienne, même au prix
de mon ombre, et je ne signerai pas. Vous con-
cevrez donc, Monsieur, que le déguisement auquel
vous m'invitez serait beaucoup plus divertissant
pour vous que pour moi. Vous recevrez mes excuses, et les choses en étant là, séparons-nous.

— Je suis vraiment fâché, monsieur Schlémihl,
que vous vous entêtiez sottement à refuser un

marché que je vous proposais en ami ; mais je serai peut-être plus heureux une autre fois ; au revoir... A propos, il faut que je vous montre
encore que je ne laisse pas dépérir les choses que
j'achète, mais que j'en prends soin, que je m'en
fais honneur, et qu'elles ne sauraient être mieux
qu'entre mes mains. »

A ces mots il tira mon ombre de sa poche, et, la
jetant à ses pieds du côté du soleil, en la dérou-
lant avec dextérité, il se trouva avoir deux ombres
à sa suite, car la mienne obéissait, comme la sienne,
à tous ses mouvements.

Quand après un temps si long je revis enfin ma
malheureuse ombre, et la retrouvai dans cet odieux
servage, alors que son absence venait de me jeter
dans une telle détresse, je sentis mon cœur se bri-
ser, et des torrents de larmes amères s'échappèrent de mes yeux. Cependant, l'odieux homme
gris, souriant avec orgueil à sa conquête, et la
promenant devant mes yeux, osa me renouveler
impudemment sa proposition :

« Il tient encore à vous : allons ! un trait de
plume, Monsieur, et vous sauverez cette pauvre
Mina d'entre les griffes d'un vil scélérat, pour la
presser avec amour sur votre sein. Allons, comte,
un trait de plume ! » A ces mots mes larmes re-
doublèrent, mais je détournai mon visage et lui
fis signe de s'éloigner.

Bendel cependant, qui, plein d'inquiétude, avait
suivi jusqu'ici mes traces, arriva en cet instant.
Cet excellent serviteur, me trouvant en larmes,
et voyant mon ombre, qu'il lui était impossible
de méconnaître, au pouvoir de cet étrange individu, résolut sur-le-champ de me faire rendre mon
bien, dût-il avoir recours à la violence. Il s'adressa
d'abord au possesseur, et lui ordonna, sans plus

de discours, de me restituer ce qui m'appartenait.
Celui-ci, sans daigner lui répondre, tourna le dos
et s'éloigna. Mais Bendel, le suivant de près, et
levant sur lui le gourdin d'épine qu'il portait, lui
réitéra l'ordre de remettre mon ombre en liberté,
et, comme il n'en tenait compte, il finit par lui
faire sentir la vigueur de son bras. L'homme en
habit gris, comme s'il eût été accoutumé à un tel
traitement, baissa la tête, courba le dos, et, sans
mot dire, continua paisiblement son chemin sur
le penchant de la colline, m'enlevant à la fois et
mon ombre et mon ami. J'entendis encore longtemps un bruit sourd résonner dans le lointain.
Je restai, comme auparavant, seul avec ma douleur.

VI.

JE donnai un libre cours à mes larmes Elles
soulagèrent enfin mon cœur du poids insupportable qui l'oppressait. Cependant je ne voyais
aucun terme à ma misère, et je me nourrissais,
avec une sorte de fureur, du nouveau poison que
l'inconnu venait de verser dans mes blessures.
Mon âme appelait à grands cris l'image de Mina,
cette image douce et chérie. Elle m'apparaissait
pâle, éplorée, telle que je l'avais vue pour la dernière fois au jour de mon ignominie. Alors s'élevait effrontément entre nous le fantôme moqueur
de Rascal. Je couvrais mon visage de mes mains;
je fuyais à travers les bruyères; mais l'effroyable
vision s'attachait à mes pas et me poursuivait

sans relâche. Hors d'haleine, je tombai enfin sur la terre, où je me roulai avec le délire d'un insensé.

Et tant de maux pour une ombre! pour une ombre, qu'un seul trait de plume m'aurait rendue! Quand je songeais à l'étrange proposition de l'inconnu et à mon refus obstiné, je ne trouvais que chaos dans mon esprit; je n'avais plus la faculté de comparer ni de juger.

Le jour s'écoula. J'apaisai ma faim avec des fruits sauvages, ma soif dans un torrent de la montagne. La nuit arriva, je la passai au pied d'un arbre. La fraîcheur du matin me réveilla d'un sommeil pénible, épouvanté par les sons convulsifs qui s'échappaient de mon gosier, comme le râle de la mort. Bendel paraissait avoir perdu mes traces, et j'aimais à me le redire. Farouche comme le cerf des montagnes, je ne voulais plus retourner parmi les hommes, dont je fuyais l'aspect. Ainsi se passèrent trois jours d'angoisse.

J'étais, au matin du quatrième, dans une plaine sablonneuse que le soleil inondait de ses rayons. Étendu sur quelques débris de roche, j'éprouvais un certain charme dans la sensation de la chaleur de l'astre du jour, car aujourd'hui je recherchais son aspect, dont je m'étais privé si longtemps. Je nourrissais mon cœur de son désespoir. Tout à coup, un bruit léger vint frapper mon oreille, et, prêt à fuir, je jetai les yeux autour de moi. Je n'aperçus personne. Cependant, une ombre qui ressemblait assez à la mienne glissait devant moi sur le sable, et semblait, allant ainsi seule, avoir perdu celui à qui elle appartenait. Cette vue éveilla toute ma cupidité : « Ombre! m'écriai-je, si tu cherches ton maître, je veux t'en servir. » Et je m'élançai vers elle pour m'en emparer, car je pensais que si je réussissais à marcher dans ses traces, de façon à ce qu'elle vînt juste à mes pieds, elle y resterait sans doute attachée, et pourrait, avec le temps, finir par s'accoutumer à moi.

L'ombre, à ce brusque mouvement, prit la fuite devant moi, et je la poursuivis. La chasse que je donnais à cette proie légère exigeait une vitesse et des forces que je ne pus trouver que dans l'espoir de finir en un instant tous mes maux. L'ombre fuyait vers une forêt qui était encore éloignée, mais dans l'épaisseur de laquelle j'allais la perdre; je le sentais, et l'effroi qui me saisit à cette idée redoubla mon ardeur. Je gagnais visiblement du terrain; je m'approchais d'elle, j'allais l'atteindre. Tout à coup elle s'arrête et se retourne vers moi. Comme un lion qui se précipite sur sa proie, je m'élance pour en prendre possession, et je heurte inopinément un obstacle solide contre lequel s'abat mon essor. Alors me furent portés dans les flancs, et par un bras invisible, les plus terribles coups que jamais peut-être un homme ait reçus.

L'effet que produisit en moi la frayeur fut de me faire embrasser convulsivement l'objet inaperçu qui se trouvait devant moi. Dans cette action subite je tombai en avant, et alors un homme que je tenais embrassé, et qui était tombé sous moi à la renverse, m'apparut soudain.

Ce qui venait de se passer s'expliquait donc tout naturellement. Il fallait que cet homme eût été porteur du faux nid d'oiseaux dont la vertu communique l'invisibilité, sans empêcher, comme on sait, celui qui le possède de porter une ombre, il fallait encore que ce nid lui fût échappé dans sa chute. Je jetai donc les yeux autour de moi, et cherchai avidement sur l'arène éclairée l'ombre du

nid invisible; je l'aperçus, m'élançai et saisis, sans
le manquer, le nid lui-même. J'étais invisible avec
ce trésor, et l'ombre dont j'étais privé ne pouvait
me trahir.

Mon adversaire, s'étant aussitôt relevé, cherchait des yeux son heureux vainqueur, mais il ne
découvrit sur la plaine éclairée ni lui, ni son ombre, dont il paraissait surtout s'enquérir, car il
n'avait pas eu, sans doute, avant notre rencontre,
le loisir de remarquer que je fusse sans ombre.
Lorsqu'il se fut assuré que toute trace du ravis-
seur avait disparu, il porta ses mains sur lui-même
avec le plus violent désespoir, et se mit à s'arracher les cheveux. Cependant ma précieuse conquête, en me donnant le moyen de me replonger
dans le tourbillon du monde, m'en inspirait le
désir. Je ne manquais pas de prétextes pour colo-
rer à mes propres yeux l'énormité de mon action; mais plutôt je n'en cherchai aucun, et, pour
me soustraire à tout remords, je m'éloignai sans
regarder en arrière, et sans prêter l'oreille à l'infortuné, dont la voix lamentable me poursuivit
longtemps encore. Telles furent, telles me parurent du moins alors, toutes les circonstances de
cet événement.

Je brûlais du désir de me rendre au jardin de
l'inspecteur, et de vérifier par moi-même les rap-
ports de l'odieux inconnu. Je ne savais où j'étais;
je gravis pour m'orienter la colline la plus prochaine, et de son sommet je découvris presqu'à
mes pieds et la ville et le jardin. Aussitôt mon
cœur battit avec force, et des larmes, bien différentes de celles que jusque-là j'avais versées, rou-
lèrent dans mes yeux; j'allais donc la revoir! Je
descendis par le sentier le plus direct; un désir
inquiet précipitait mes pas. Je passai, sans être vu,

auprès de quelques paysans qui venaient de la
ville. Ils s'entretenaient de moi, du père de Mina,
de Rascal; je ne voulus pas les entendre; j'accé-
lérai ma course

J'entrai dans le jardin; mon cœur tressaillit. Je
crus d'abord entendre un éclat de rire, qui me fit
frissonner. Je regardai partout autour de moi,
mais je ne pus découvrir personne. Je m'avançai
dans le jardin ; il me semblait entendre comme les
pas d'un homme qui aurait marché à mes côtés,
et cependant je ne voyais rien ; je crus que mon
oreille me trompait. Il était encore de bonne
heure : personne dans le jardin, personne sous le
berceau du comte Pierre; tout était encore désert.
Je parcourus ces allées qui m'étaient si connues ;
je m'avançai jusqu'auprès de la maison. Le bruit
qui m'inquiétait me poursuivait, et devenait même
plus distinct. Je m'assis, respirant à peine, sur un
banc placé au soleil vis-à-vis de la porte. Il me
sembla que l'invisible lutin qui s'acharnait à me
poursuivre s'asseyait à côté de moi avec un rire
sardonique. J'entendis tourner la clef; la porte
s'ouvrit; l'inspecteur sortit, des papiers à la main.
Je sentis en même temps comme un brouillard
passer sur ma tête; je regardai autour de moi, je
frémis d'horreur : l'homme en habit gris était
assis à mon côté, et me considérait avec un regard
infernal. Il avait étendu sur moi le bonnet de
nuage qui le couvrait, et mon ombre gisait paisiblement à ses pieds à côté de la sienne. Il roulait négligemment entre ses doigts le parchemin
que je connaissais ; et tandis que l'inspecteur, occupé des papiers qu'il feuilletait et relisait, se promenait en long et en large à l'ombre des tilleuls,
il se pencha familièrement à mon oreille, et me
tint ce discours :

« Vous vous êtes donc enfin rendu à mon invitation, et nous voilà, comme on dit, deux têtes dans un bonnet. C'est à merveille; or, rendez-moi mon nid d'oiseau; vous n'en avez plus besoin, et vous êtes trop honnête homme pour vouloir injustement retenir le bien d'autrui. D'ailleurs, sans remercîment, je vous proteste que c'est du meilleur de mon cœur que je vous l'ai prêté. » Il le reprit de mes mains sans que je m'y opposasse, le remit dans sa poche, et me regarda en partant d'un nouvel éclat de rire, qui même fut si sonore, que le forestier se retourna au bruit. Je restai pétrifié.

« Avouez, poursuivit-il, que ce bonnet est encore beaucoup plus commode que mon nid d'oiseau; il couvre au moins l'homme et son ombre, et toutes les ombres qu'il lui prend fantaisie d'avoir. Voyez, j'en ai pris aujourd'hui deux à ma suite. » Il se mit à rire. « Tenez-vous pour dit, Schlémihl, que l'on en vient à faire malgré soi ce que l'on n'avait pas voulu faire de bon gré. Je suis toujours d'avis, et il en est encore temps, que vous repreniez votre ombre et votre prétendue. Pour Rascal, nous le ferons pendre; cela ne sera pas difficile tant qu'il y aura des cordes. Tenez, je vous donnerai mon bonnet par-dessus le marché. »

La mère de Mina survint, et la conversation s'établit entre elle et son mari. — « Que fait Mina? — Elle pleure. — Quelle déraison!... Qu'y faire? — Je ne sais, mais la donner sitôt à un autre!... Oh! mon ami! tu es bien cruel envers ton enfant! — Non, ma femme, tu ne vois pas juste dans cette occasion. Quand, après avoir versé quelques larmes, elles se trouvera la femme d'un homme honoré et puissamment riche, elle se consolera, et

sa douleur ne lui paraîtra plus que comme un
songe. Elle remerciera Dieu et ses parents, tu le
verras. — Je le souhaite. — Elle possède sans
doute aujourd'hui une belle fortune; mais, après
le bruit qu'a fait sa malheureuse liaison avec cet
aventurier, crois-tu qu'il soit facile de trouver
pour elle un parti tel que M. Rascal? Sais-tu à
quoi monte sa fortune? M. Rascal vient d'acheter
comptant pour six millions de belles et bonnes
terres, libres de toute hypothèque. J'en ai eu les
titres entre les mains. C'était lui dans le temps
qui mettait l'enchère sur toutes celles que je voulais acquérir pour Mina; il possède en outre en
portefeuille pour environ trois millions de papiers
sur la maison Thomas John. — Il faut donc qu'il
ait beaucoup volé. — Que dis-tu là? Il a sagement
économisé tandis que d'autres jetaient par les fenêtres. — Mais un homme qui a porté la livrée!
— Sottise! Son ombre est exempte de taches. —
Tu as raison, mais cependant... »

L'homme en habit gris me regarda encore en
riant. La porte s'ouvrit. Mina parut, appuyée sur le
bras d'une femme de chambre. Des larmes sillon-
naient ses joues décolorées. Elle prit place dans
un fauteuil qu'on lui avait préparé sous les tilleuls, et son père s'assit sur une chaise à côté
d'elle. Il prit sa main, la serra tendrement et lui
adressa la parole en adoucissant le son de sa voix.
Les larmes de Mina coulèrent plus abondantes.

« Tu es ma bonne, ma chère enfant; tu seras
raisonnable; tu ne voudras pas affliger ton vieux
père, qui ne souhaite que ton bonheur. Je conçois, ma chère fille, que tout ce qui vient de se
passer t'a fortement affectée; tu as échappé comme
par miracle à ta ruine. Avant que nous eussions
découvert l'infamie de ce misérable, tu l'aimais,

la l'aimais tendrement ; je le sais, mon enfant, et je ne t'en fais point de reproches ; je l'ai chéri moi-même tant que je l'ai pris pour un grand seigneur. Mais considère comment les choses ont changé. Quoi ! le dernier manant, jusqu'au moindre barbet, chacun a son ombre, en ce monde, et ma fille unique aurait été l'épouse d'un homme.... Non, tu ne penses plus certainement à lui. Ecoute, Mina : un homme qui ne craint pas le soleil, un honnête homme, qui n'est pas, à la vérité, un prince, mais qui a dix millions de bien (dix fois autant que tu en possèdes toi-même), recherche ta main. Un homme qui rendra ma chère fille heureuse. Ne me réponds rien ; ne me résiste pas ; sois ma fille bien aimée, ma fille soumise ; obéis ; laisse ton père veiller à tes intérêts, régler ton sort et sécher tes larmes. Promets-moi de donner ta main à M. Rascal. Dis, veux-tu me le promettre?... »

Elle répondit d'une voix mourante : « Je n'ai plus aucun désir sur la terre. Que la volonté de mon père décide de mon sort. »

Aussitôt on annonça M. Rascal. Il se présenta d'un air assuré. Mina perdit l'usage de ses sens. Mon diabolique compagnon, me regardant d'un air courroucé, m'adressa rapidement ces mots : « Et vous pourriez soutenir cette scène ! Qu'est-ce donc qui coule dans vos veines ? est-ce bien du sang ? » Et d'un mouvement prompt il me fit une légère blessure à la main. — « Oui, dit-il, c'est du sang, du véritable sang ; signez donc ! » Je me trouvai le parchemin dans une main et la plume dans l'autre.

VII.

JE veux, mon cher Adelbert, en appeler à ton jugement sans chercher à le séduire. Long-temps, juge impitoyable de moi-même, j'ai nourri le ver rongeur dans mon âme. Cet instant critique et décisif de ma vie, sans cesse présent à mes yeux, me tenait dans le doute et l'humiliation. — Mon ami, celui qu'une première imprudence écarte du droit chemin se voit bientôt égaré dans de perfides sentiers dont la pente l'entraîne; il ne saurait déjà plus retourner en arrière; ses regards interrogent en vain les astres du ciel; il ne sau-rait plus régler sur eux sa marche; il faut pour-suivre, le gouffre l'appelle, et bientôt il ne lui reste plus qu'à se dévouer lui-même à Némésis. — Après la faute qui avait attiré sur moi le mé-pris des hommes, criminel par un amour irréflé-chi, j'avais témérairement enveloppé dans mes tristes destinées l'existence d'un autre être. De-vais-je balancer, quand il en était encore temps, à m'élancer en aveugle pour sauver du précipice celle que j'y avais moi-même jetée? Ne me mé-prise pas au point de croire qu'aucun prix qui fût en ma puissance m'eût paru excessif, et que j'eusse été plus avare d'aucune propriété que de mon or. Non, je te le jure. Mais, Adelbert, mon âme était tout absorbée dans la haine invétérée que je portais à cet homme, dont les voies courbes et mystérieuses me révoltaient. Peut-être que je lui faisais tort, mais je n'étais pas maître de moi, et toute communauté avec lui me faisait horreur,

Il arriva donc encore cette fois ce qui déjà souvent m'était arrivé dans ma vie, et ce dont se compose en général l'histoire des hommes : un événement remplit la place d'une action. Je me suis depuis réconcilié avec moi-même. J'ai appris à révérer la nécessité, et qu'est-ce qui lui appartient plus irrévocablement que l'action commise et l'événement avenu? J'ai appris à révérer cette même nécessité comme un ordre sage qui conserve et dirige le vaste ensemble dans lequel nous entrons comme des rouages qui reçoivent et propagent le mouvement. Il faut que ce qui doit être arrive. Ce qui devait être arriva, et plus tard j'ai reconnu avec vénération l'impulsion irrésistible de cette force intelligente dans mes propres destinées, et dans celles des êtres chéris sur lesquels s'étendit leur influence.

Je ne sais si je dois l'attribuer à la trop forte tension de tous les ressorts de mon âme, à l'épuisement de mes forces physiques, ou bien au désordre inexprimable qu'excitait dans tout mon être le voisinage odieux de cet individu. Quoi qu'il en soit, à l'instant de signer, je me sentis défaillir; je tombai sans connaissance, et je demeurai un temps considérable entre les bras de la mort.

Quand je revins à moi, des trépignements de pieds et des imprécations furent les premiers sons qui frappèrent mon oreille. J'ouvris les yeux. Il était nuit, mon odieux compagnon me donnait ses soins tout en m'accablant d'injures. — « N'est-ce pas là, disait-il, se conduire comme une vieille femme? Allons! qu'on se dépêche, et qu'on fasse ce que l'on a résolu de faire; ou bien a-t-on changé d'avis, et veut-on s'en tenir à pleurer?» Je me relevai péniblement de la terre où j'étais étendu, et jetai en silence mes regards autour de

moi. Il faisait tout à fait nuit. Dans la maison illuminée de l'inspecteur des forêts retentissait une
musique bruyante. Quelques personnes parcou-
raient les allées du jardin ; deux d'entre elles s'ap-
prochèrent en conversant et vinrent prendre place
sur le banc où moi-même j'avais été assis. J'écoutais leurs discours ; elles s'entretenaient du mariage
de l'opulent M. Rascal avec la fille de l'inspecteur
des forêts, mariage qui avait été célébré dans la
matinée de ce même jour. Ainsi donc, c'en était
fait.

Je retirai sans rien dire ma tête de dessous le
bonnet de nuage de l'inconnu, qui disparut aussitôt à mes regards, et je me hâtai, en m'enfonçant
dans l'épaisseur des bosquets et en passant par le
berceau du comte Pierre, de regagner la porte du
jardin. Cependant, attaché à moi comme un vam-
pire, mon compagnon invisible me poursuivait et
ne cessait de m'assaillir de ses discours envenimés.
— « Voilà donc ce que l'on gagne à soigner durant tout un jour Monsieur, qui a des attaques de
nerfs ! Un autre aurait dit : grand merci ; mais,
mon ami, c'est fort bien ; fuyez-moi tant que vous
voudrez ; sauvez-vous tant que vous pourrez : nous
n'en serons pas moins inséparables. Vous avez
mon or et j'ai votre ombre. Il n'est plus de repos
pour l'un ni pour l'autre. Jamais ombre a-t-elle
abandonné son homme ? La vôtre m'entraîne,
m'attache à votre suite, jusqu'à ce qu'enfin il vous
plaise de la recevoir en grâce et de m'en débarrasser. Je vous le prédis, vous ferez un jour, et
trop tard, par lassitude et par ennui, ce que vous
n'avez pas voulu faire de bon cœur, quand il en
était temps. On n'échappe pas à sa destinée ! » Il
continuait à parler sur le même ton. Je fuyais en
vain ; il s'obstinait avec ironie à me retracer les

attraits de l'ombre et de l'or. Je ne pouvais me
recueillir ni former aucune pensée suivie.

J'avais regagné ma maison en traversant quelques rues écartées et désertes; j'eus peine à la
reconnaître. Les fenêtres en étaient brisées, les
portes barricadées; aucune lumière n'éclairait les
appartements, aucun bruit ne s'y faisait entendre,
aucun domestique ne m'attendait. Mon invisible
persécuteur éclata de rire. « Ainsi va le monde, dit-
il; mais vous retrouverez votre Bendel. On l'a
prudemment l'autre jour renvoyé si fatigué, qu'il
aura été obligé de garder la maison. » Il se remit
à rire. « Il aura une longue histoire à vous faire.
Bonsoir donc pour aujourd'hui. Au plaisir de vous
revoir, et bientôt ! »

J'avais sonné à plusieurs reprises; je vis une
lumière en mouvement. Bendel demanda qui était
là; lorsque cet excellent serviteur eut reconnu
ma voix, à peine put-il contenir ses transports. La
porte s'ouvrit et nous tombâmes, en pleurant,
dans les bras l'un de l'autre. Je le trouvai très-
changé. Il était faible et malade. Pour moi, mes
cheveux étaient devenus tout gris. Il me conduisit
à travers ces vastes appartements, entièrement
dévastés, à un cabinet intérieur qui avait été épar-
gné. Il y apporta quelque nourriture, et, s'étant
assis près de moi, il recommença à pleurer. Il me
raconta que l'homme grêle en habit gris, qu'il
avait surpris avec mon ombre, l'avait entraîné à
sa suite très-loin et très-longtemps, jusqu'à ce
que, tombant de lassitude et ne pouvant plus retrouver mes traces, il fut réduit à prendre le parti
de se traîner chez moi pour m'y attendre; que
bientôt la populace, soulevée et ameutée par Rascal, avait assouvi sa fureur en brisant les fenêtres
et les meubles de mon hôtel; que mes gens s'é-

taient dispersés; que la police m'avait banni comme
suspect, et m'avait assigné vingt-quatre heures
pour sortir du territoire. Voilà comment ils avaient
reconnu tous mes bienfaits.

A ce que je savais déjà de la fortune et du mariage de Rascal, il ajouta quelques circonstances
que j'ignorais encore. Ce scélérat, auteur de tous
les désastres qui venaient de fondre sur moi,
semblait avoir connu mon secret dès le principe,
et ne s'être attaché à moi que par attrait pour l'or.
Il s'était probablement procuré une clef de l'armoire où étaient jadis cachées mes richesses, et
avait dès lors jeté les fondements d'une fortune
qu'il pouvait aujourd'hui négliger d'augmenter.

Ce récit, Bendel l'avait entrecoupé de bien des
larmes. Lorsqu'il l'eut achevé, il en répandit de
nouvelles, mais de la seule joie que lui causait
mon retour, car il avait craint de ne plus me revoir, et frémi des extrémités auxquelles aurait pu
me porter l'adversité, qu'il me voyait aujourd'hui
supporter avec calme. Tel était, en effet, le caractère qu'avait pris en moi le désespoir. Mon infor-
tune se présentait à moi comme une fatale nécessité; je n'avais plus de larmes à lui donner; aucun
gémissement, aucun cri, ne pouvait plus sortir
de mon sein. Je courbais avec une apparente in-
différence une tête dévouée sous la main invisible
qui m'opprimait.

« Bendel, lui dis-je, tu connais mon sort. Je
n'ai pas laissé de provoquer le châtiment qui me
poursuit. Je ne veux pas t'associer plus longtemps
à ma destinée, toi dont le bon cœur et l'innocence
méritent un meilleur sort. Selle-moi un cheval; je
vais partir. Séparons-nous; je le veux. Il doit encore rester ici quelques caisses remplies d'or,
garde-les; pour moi, je vais seul et sans but par

courir le monde. Si jamais je revois des jours plus sereins, si le bonheur daigne encore me sourire, alors je penserai fidèlement à toi, car, dans les heures de l'adversité, j'ai plus d'une fois répandu des larmes dans ton sein. »

Il fallut que Bendel, effrayé de ma résolution et le cœur déchiré, obéît à ce dernier ordre de son maître. Sourd à ses représentations et à ses prières, je fus inébranlable. Il m'amena mon cheval; je serrai encore une fois entre mes bras l'ami de mon malheur, et m'éloignai, dans les ténèbres de la nuit, de ce lieu funeste, tombeau de mes espérances. Je ne faisais aucune attention à la route que suivait mon cheval, car je n'avais plus sur la terre aucun but, aucun désir.

VIII.

Bientôt je fus joint par un piéton, qui, après m'avoir suivi quelque temps, me demanda la permission, puisque nous suivions la même route, de placer sur la croupe de mon cheval un manteau qui l'incommodait. Je le laissai faire sans lui répondre. Il me remercia de ce léger service avec aisance et politesse, loua cependant la beauté de ma monture, en prit occasion de célébrer le bonheur et la puissance des riches, et enfin s'engagea, je ne sais trop comment, dans une sorte de dialogue avec lui-même, pendant lequel je jouais le rôle passif d'auditeur.

Il développa ses idées sur le monde, et aborda

bientôt la métaphysique, dont le problème est de nous révéler le mot de la grande énigme, et de nous donner la clef de toutes celles qui bornent notre pensée. Il posa la question avec beaucoup de clarté, et se mit aussitôt à y répondre.

Tu sais, mon ami, qu'après avoir écouté tous nos philosophes, j'ai clairement reconnu que je n'étais aucunement appelé à me mêler de leurs spéculations, et que, dans le sentiment de mon insuffisance, je me suis irrévocablement retiré de l'arène. J'ai depuis laissé dormir bien des questions, que je me suis résigné à ignorer, à ne pas faire ou à laisser sans réponse, et, me confiant en la droiture de mon sens, j'ai, comme tu me le conseillais toi-même, suivi autant que je l'ai pu la voix qui s'élevait en moi pour me conduire, et n'ai voulu qu'elle pour guide sur la route que je me suis frayée. Cependant ce rhéteur, dont j'admirais le talent, me semblait élever un édifice fondé en apparence sur sa propre nécessité. Mais je n'y trouvais pas ce que précisément j'y aurais voulu ; et dès lors ce n'était plus pour moi qu'une de ces constructions élégantes qui ne servent qu'à récréer la vue par la symétrie de leurs formes : mais je prenais plaisir à l'éloquence du sophiste, qui, maîtrisant mon attention, m'avait distrait de mes propres maux, et je ne lui aurais pas résisté s'il avait su ébranler mon âme, comme il savait dominer mon esprit.

Les heures cependant s'étaient écoulées, et le crépuscule avait insensiblement succédé à la nuit. Un secret effroi me fit tressaillir lorsque, levant les yeux, je vis l'orient briller des couleurs qui annoncent le retour du soleil, et, à l'heure où les ombres que projettent les corps opaques jouissent de leur plus grande dimension, je ne découvrais contre lui, dans la contrée ouverte que je parcourais, aucun abri, aucun rempart; et je n'étais pas seul! Alors, pour la première fois, je jetai un coup d'œil sur mon compagnon de voyage; je fremis de nouveau : ce rhéteur n'était autre que l'homme en habit gris.

Il sourit de ma consternation, et poursuivit ainsi son discours, sans me laisser le temps de prendre la parole : «Souffrez qu'une fois, comme c'est l'usage dans le monde, notre intérêt commun nous réunisse; nous aurons toujours le temps de nous séparer. Je vous avertis que cette route qui traverse les montagnes est la seule que vous puissiez tenir. Vous n'oseriez descendre dans la plaine, et vous ne voudriez pas sans doute repasser les montagnes pour retourner au lieu d'où vous êtes venu; ce chemin est aussi le mien. Je vous vois pâlir à l'approche du soleil; je veux bien vous prêter votre ombre pour le temps que durera notre société, et, pour cette complaisance, vous me souffrirez près de vous; aussi bien n'avez-vous plus votre Bendel; vous serez content de mon service. Vous ne m'aimez pas, j'en suis fâché : cela vous empêche-t-il de vous servir de moi? Le diable n'est pas si noir qu'on le peint. Vous m'avez impatienté hier, cela est vrai; mais je ne vous en tiens pas rancune aujourd'hui, et vous m'avouerez que je vous ai déjà abrégé le chemin jusqu'ici. Allons, faites encore une fois l'essai de votre ombre. »

Déjà le soleil paraissait à l'horizon, et je voyais du monde s'avancer vers nous sur la route. J'acceptai la proposition, quoique avec une extrême répugnance, et l'homme gris, en souriant, laissa glisser à terre mon ombre, qui alla aussitôt prendre place sur celle de mon cheval, et se mit à trotter

gaiement à mon côté; je ne saurais exprimer l'é-
trange émotion que je ressentis à cette vue.

Je passai devant une troupe de paysans, qui se
rangèrent pour faire place à un homme riche, et
ôtèrent respectueusement leurs chapeaux. Le
cœur me battait avec force, et, du haut de mon
cheval, je regardais de côté, et d'un œil de con-
voitise, cette ombre qui, autrefois, m'avait appar-
tenu, et que maintenant je ne tenais qu'à titre de
prêt d'un étranger, d'un être que j'abhorrais.

Mon compagnon, cependant, semblait être dans
la plus parfaite sécurité; il me suivait en s'amu-
sant à siffler, lui à pied, moi bien monté. La ten-
tation était trop forte : il me prit comme un ver-
tige, je piquai des deux, courus ainsi à pleine
carrière un certain espace de chemin; mais je
n'emmenais pas mon ombre avec moi; elle avait
glissé sous celle de mon cheval, lorsque celui-ci
avait pris le galop, et était retournée à son légitime
propriétaire. Il me fallut honteusement tourner
bride. L'homme en habit gris, lorsqu'il eut tranquillement achevé son air, se moqua de moi, ra-
justa mon image à la place qu'elle devait occuper,
et m'apprit qu'elle ne me resterait attachée que lorsqu'elle serait redevenue ma propriété. « Je vous
tiens, continua-t-il, par votre ombre, et vous ne
m'échapperez pas : un homme riche comme vous
a besoin de ce meuble, et vous n'avez que le tort
de ne pas l'avoir senti plus tôt. »

Je poursuivis mon voyage dans la même direc-
tion, et toutes les commodités de la vie, ses su-
perfluités, le luxe, la magnificence, revinrent insensiblement m'entourer. Muni d'une ombre, bien
que d'emprunt, je pouvais me mouvoir sans crainte
et sans gêne; je jouissais partout de ma liberté, et
j'inspirais partout le respect que l'on doit à l'opu-

lence ; mais j'avais la mort dans le cœur. Mon in-
compréhensible compagnon, qui partout se donnait lui-même pour le serviteur indigne de l'homme
du monde le plus riche, était d'une complaisance
sans bornes ; il remplissait en effet près de moi les
fonctions de valet avec un empressement, une intelligence et une dextérité qui surpassaient toute
idée ; c'était le modèle accompli du valet de
chambre d'un riche. Mais il ne me quittait pas, et
ne cessait d'exercer sur moi son éloquence, affectant toujours la plus parfaite sécurité que je fini-
rais, ne fût-ce que pour me débarrasser de lui,
par conclure le marché qu'il m'avait proposé. Il
m'était en effet aussi à charge qu'odieux ; il me
faisait peur. Je m'étais placé moi-même dans sa
dépendance ; il me tenait asservi depuis qu'il
m'avait fait de nouveau jouer un rôle sur la scène
du monde, que je voulais fuir. Je ne pouvais plus
lui imposer silence, et je sentais qu'au fond il avait
raison. Il faut dans le monde qu'un riche ait une
ombre, et si je voulais soutenir l'état qu'il m'avait
insidieusement fait reprendre, il n'y avait qu'une
issue à prévoir. Cependant j'avais irrévocablement
résolu, après avoir sacrifié mon amour et désen-
chanté ma vie, que pour toutes les ombres de la
terre je n'engagerais point mon âme, quel que pût
être l'événement.

Un jour, nous étions assis à l'entrée d'une caverne que les étrangers qui voyagent dans les montagnes ont coutume de visiter. La voix des torrents
souterrains se fait entendre dans une profondeur
immense, et les pierres que l'on jette dans le
gouffre retentissent longtemps dans leur chute,
sans paraître en atteindre le fond.

L'homme gris, selon sa coutume, me faisait,
avec une imagination prodigue et toute la magie

des plus vives couleurs, le tableau ravissant de tout ce que je pourrais effectuer dans ce monde, au moyen de ma bourse, dès que j'aurais recouvré la propriété de mon ombre.

Les coudes appuyés sur mes genoux, cachant mon visage dans mes deux mains, je prêtais l'oreille au corrupteur, et mon cœur hésitait entre les attraits de la séduction et l'austérité de ma volonté. Je ne pouvais plus longtemps rester ainsi en guerre avec moi-même ; j'engageai enfin un combat qui devait être décisif.

« Vous paraissez oublier, Monsieur, que, si je vous ai permis de m'accompagner jusqu'ici, ce n'a été qu'à certaines conditions, et que je me suis réservé mon entière liberté. — Dites un mot, répondit-il, et je ferai mon paquet. » Cette sorte de menace lui était familière. Je gardai le silence ; il se mit en devoir de reployer mon ombre et de l'emporter. Je pâlis, mais je le laissai faire. Il acheva, et un long silence suivit. Il reprit enfin la parole :

« Vous me haïssez, Monsieur, je le sais ; mais pourquoi me haïssez-vous ? Serait-ce pour m'avoir attaqué en voleur de grand chemin et vous être applaudi, dans votre sagesse, de m'avoir dépouillé un moment de mon nid d'oiseau ? Ou bien, est-ce pour avoir voulu me voler, comme un filou, le bien que vous supposiez confié à votre seule probité, cette ombre que vous savez fort bien m'avoir vendue ? Quant à moi, je ne vous en veux pas pour cela ; je trouve tout simple que vous cherchiez à user de tous vos avantages, ruse et violence. Que d'ailleurs vous vous prêtiez les principes les plus sévères, et que, dans votre esprit, vous rêviez à un beau idéal de délicatesse, c'est une fantaisie dont je ne m'offense pas. Je n'ai pas,

en effet, une morale aussi austère que la vôtre,
mais j'agis comme vous pensez. Dites-moi, par
exemple, si je vous ai jamais pris à la gorge pour
avoir votre belle âme, dont vous savez que j'ai
envie; si jamais je vous ai fait attaquer par quelqu'un de mes gens pour recouvrer ma bourse; ou
si j'ai essayé d'ailleurs de vous en priver par quelque tour de passe-passe?» Je n'avais rien à répondre; il poursuivit: «C'est fort bien, Monsieur,
c'est fort bien; vous ne sauriez me souffrir, je le
conçois facilement, et je ne vous en fais point de
reproches. Il faut nous séparer, cela est clair, et
je vous avouerai que, de mon côté, je commence
aussi à vous trouver infiniment ennuyeux. Or
donc, pour vous soustraire définitivement et à
jamais à l'humiliation de ma fâcheuse présence,
je vous le conseille encore une fois, rachetez-moi
cette ombre tant regrettée. — A ce prix? lui dis-
je en lui présentant sa bourse. — Non. » Telle
fut sa laconique réponse. Je soupirai profondément et repris la parole : « A la bonne heure. Je n'en
insiste pas moins sur notre séparation. Ne vous
obstinez pas, Monsieur, à me barrer plus longtemps le chemin sur cette terre, qui, je pense, est
assez large pour tous deux. » Il sourit et me ré-
pliqua : « Je pars, Monsieur, mais auparavant je
veux vous apprendre à sonner votre valet très-
indigne, si jamais vous pouviez avoir besoin de
lui. Vous n'avez pour cela qu'à secouer votre
bourse; le tintement de l'or éternel qu'elle ren-
ferme se fera partout entendre à mon oreille, et
je serai toujours à vos ordres. Chacun pense à
son profit dans ce monde; vous voyez qu'en songeant au mien je ne néglige pas vos intérêts. N'est-
il pas évident que je remets aujourd'hui une nouvelle force à votre disposition ? Oh! cette bourse !

Tenez, quand les teignes auraient rongé votre ombre, cette bourse serait encore un lien solide entre nous. En un mot, vous me tenez par la bourse; vous pouvez m'appeler quand il vous plaira, et disposer, en tout temps et en tous lieux, de votre très-humble et très-obéissant serviteur. Vous savez quels services je puis rendre à mes amis, et que surtout les riches sont bien dans mes papiers; vous l'avez vu. Mais pour votre ombre, Monsieur, tenez-vous-le pour dit, vous savez le prix que j'y mets. J'ai l'honneur de vous saluer. »

En ce moment d'anciens souvenirs se retracèrent inopinément à mon esprit. Je lui demandai avec vivacité : « Aviez-vous une signature de M. John? » Il répondit en souriant : « Avec un ami tel que lui, je n'avais pas besoin d'écriture. — Mais qu'est-il devenu? Où est-il à cette heure? m'écriai-je; au nom de Dieu, je veux le savoir! »

Il mit en hésitant sa main droite dans sa poche, et en tira par les cheveux le fantôme pâle et défiguré de Thomas John, dont les lèvres livides, s'entr'ouvrant avec peine, laissèrent échapper ces mots : *Justo judicio Dei judicatus sum; justo judicio Dei condemnatus sum.* Je suis jugé par un juste jugement de Dieu; je suis condamné par un juste jugement de Dieu.

Saisi d'horreur, je jetai précipitamment la bourse que je tenais dans le gouffre, et m'écriai : « Je t'en conjure, au nom de Dieu, misérable, éloigne-toi d'ici, et ne reparais jamais devant mes yeux. » Il se leva aussitôt, d'un air sombre et sinistre, et disparut parmi les rochers qui formaient l'enceinte de ce lieu sauvage.

IX.

J E me trouvais donc sans ombre et sans argent, mais ma poitrine était soulagée du fardeau qui l'avait oppressée et je respirais librement. Si je n'avais pas perdu mon amour, ou si dans cette perte je m'étais cru sans reproche, je crois que j'aurais été heureux. Cependant je ne savais que faire, et j'ignorais ce que j'allais devenir. Je visitai d'abord mes poches, où je trouvai encore quelques pièces d'or; je les comptai, et je me mis à rire. J'avais laissé mes chevaux dans la vallée, à l'auberge prochaine, mais j'avais honte d'y retourner. Au moins fallait-il pour cela attendre le coucher du soleil, et il était à peine à son midi. Je m'étendis à l'ombre d'un arbre, et je m'endormis profondément.

A travers le tissu diaphane d'un songe délicieux, je vis groupées autour de moi les plus riantes images. Je vis Mina couronnée de fleurs s'approcher, me sourire, se pencher vers moi, et glisser comme sur les ailes du zéphyr. L'honnête Bendel, le front radieux, passa devant moi, et me tendit la main. De nombreux groupes semblaient former dans le lointain des danses légères. Je reconnus plusieurs personnes; je crus te reconnaître toi-même, mon cher Adelbert. Une vive lumière éclairait le paysage; cependant personne n'avait d'ombre, et ce qu'il y avait de plus extraordinaire, c'est que cela n'avait rien de choquant. Des chants retentissaient sous des bosquets de palmiers; tout respirait le bonheur. Je ne pouvais fixer toutes ces images furtives, je ne pouvais même les comprendre; mais leur vue me remplissait d'une douce émotion, et je sentais que ce rêve m'enchantait. J'aurais voulu qu'il durât toujours, et en effet, longtemps après m'être réveillé, je tenais encore les yeux fermés, comme pour en retenir l'impression dans mon âme.

J'ouvris enfin les yeux. Le soleil était encore au ciel, mais du côté de l'orient; j'avais dormi le reste du jour précédent et la nuit tout entière. Il me sembla que ce fût un avertissement de ne plus retourner à mon auberge. J'abandonnai sans regret tout ce que j'y possédais encore, et je résolus de suivre à pied le sentier qui, à travers de vastes forêts, serpentait sur les flancs de la montagne. Je m'abandonnai à mon destin, sans regarder en arrière, et je n'eus pas même la pensée de m'adresser à Bendel, que j'avais laissé riche, et sur lequel j'aurais pu compter dans ma détresse.

Je me considérai sous le rapport du nouveau rôle que j'allais avoir à jouer. Mon habillement était très-modeste; j'étais vêtu d'une vieille kourtke noire que j'avais portée jadis à Berlin, et qui, je ne sais comment, m'était tombée sous la main le jour où j'avais quitté les bains. J'avais un bonnet de voyage sur la tête et une paire de vieilles bottes à mes pieds. Je me levai, coupai un bâton d'épine à la place même où j'étais, en mémoire de ce qui s'y était passé, et je me mis sur-le-champ en route.

Je rencontrai dans la forêt un vieux paysan qui me salua cordialement; je liai conversation avec lui. Je m'informai, comme le fait un voyageur curieux et à pied, d'abord du chemin, ensuite de la contrée et de ses habitants, enfin des diverses productions de ces montagnes. Il répondit à toutes mes questions en bon villageois et avec détail. Nous arrivâmes au lit d'un torrent qui avait ravagé une assez vaste étendue de la forêt. Ce large espace éclairé par le soleil me fit frissonner intérieurement. Je laissai mon compagnon passer devant moi, mais il s'arrêta au milieu de cette dangereuse traversée, et se retourna vers moi pour me raconter l'histoire et la date du débordement dont nous voyions les traces. Il s'aperçut bientôt de ce qui me manquait, et s'interrompant dans sa narration : — « Comment donc ! dit-il, Monsieur n'a point d'ombre ? — Hélas ! non, répondis-je en gémissant ; je l'ai perdue, ainsi que mes cheveux et mes ongles, dans une longue et cruelle maladie. Voyez, brave homme, à mon âge, quels sont les cheveux qui me sont revenus : ils sont tout blancs ; mes ongles sont encore courts, et pour mon ombre, elle ne veut pas repousser. » Il secoua la tête en fronçant le sourcil, et répéta : « Point d'ombre ! point d'ombre ! cela ne vaut rien, c'est une mauvaise maladie que Monsieur a eue là. » Il ne reprit pas le récit qu'il avait interrompu, et il me quitta, sans rien dire, au premier carrefour qui se présenta. Mon cœur se gonfla de nouveau, de nouvelles larmes coulèrent le long de mes joues. C'en était fait de ma sérénité.

Je poursuivis tristement ma route, et je ne désirai désormais aucune société ; je me tenais tout le jour dans l'épaisseur des bois, et lorsque j'avais à traverser quelque lieu découvert, j'attendais qu'aucun regard ne pût m'y surprendre. Je cherchais, le soir, à m'approcher des villages où je voulais passer la nuit. Je me dirigeais sur des mines situées dans ces montagnes, où j'espérais obtenir du travail sous terre. Il fallait, dans ma situation présente, songer à ma subsistance; il fallait surtout, et je l'avais clairement reconnu, chercher dans un travail forcé quelque relâche aux sinistres pensées qui dévoraient mon âme.

Deux journées de marche par un temps pluvieux, où je n'avais pas le soleil à craindre, m'avancèrent beaucoup sur ma route, mais ce fut aux dépens de mes bottes, qui dataient du temps du comte Pierre, et n'avaient pas été faites pour voyager à pied dans les montagnes. Je marchais à pieds nus; il fallait renouveler ma chaussure. Le matin du jour suivant, le ciel étant encore couvert, j'entrai, pour m'occuper de cette affaire importante, dans un bourg où l'on tenait foire, et je m'arrêtai devant une boutique où des chaussures vieilles et neuves étaient étalées. Je marchandai une paire de bottes neuves qui me convenaient parfaitement; mais le prix exorbitant que l'on en demandait m'obligea d'y renoncer. Je me rabattis sur d'autres déjà portées, qui paraissaient encore bonnes et très-fortes; je conclus le marché. Le jeune garçon qui tenait la boutique, et dont une longue chevelure blonde ombrageait la belle figure, les remit entre mes mains, après en avoir reçu le payement, et me souhaita d'un air gracieux un bon voyage. Je me chaussai de ma nouvelle emplette, et je sortis du bourg, dont la porte s'ouvrait du côté du nord.

Absorbé dans mes pensées, je regardais à peine à mes pieds; je songeais aux mines, où j'espérais arriver le soir même, et où je ne savais trop comment me présenter.

Je n'avais pas encore fait deux cents pas, lorsque je m'aperçus que je n'étais plus dans le chemin; je le cherchai des yeux. Je me trouvais au milieu d'une antique forêt de sapins, dont la cognée

semblait n'avoir jamais approché. Je pénétrai
plus avant : je ne vis plus autour de moi que des
rochers stériles, dont une mousse jaunâtre et
aride revêtait la base, et dont les sommets étaient
couronnés de glaces et de neiges. L'air était
extrêmement froid. Je regardai derrière moi; la
forêt avait disparu. Je fis encore quelques pas; le
silence de la mort m'environnait. Je me trouvai
sur un champ de glace, qui s'étendait à perte de
vue autour de moi. L'air était épais; le soleil se
montrait sanglant à l'horizon. Je ne comprenais
rien à ce qui m'arrivait. Le froid qui me gelait
me força de hâter ma marche. J'entendis le bruis-
sement éloigné des flots; encore un pas, et je fus
aux bords glacés d'un immense océan; et devant
moi des troupeaux innombrables de phoques se
précipitèrent en rugissant dans les eaux. Je voulus suivre cette rive; je revis des rochers, des forêts de bouleaux et de sapins, — des déserts. Je
continuai un instant à courir; la chaleur devint
étouffante. Je regardai autour de moi; j'étais au
milieu de rizières et de riches cultures. Je m'assis sous l'ombre d'une plantation de mûriers; je
tirai ma montre : il n'y avait pas un quart d'heure
que j'étais sorti du bourg. Je croyais rêver; je
me mordis la langue pour m'éveiller, mais je ne
dormais pas. Je fermai les yeux pour rassembler
mes idées. Les syllabes d'un langage qui m'était
tout à fait inconnu frappèrent mon oreille. Je levai les yeux : deux Chinois (la coupe asiatique de
leur visage me forçait d'ajouter foi à leur cos-
tume), deux Chinois m'adressaient la parole avec
les génuflexions usitées dans leur pays. Je me levai et reculai de deux pas; je ne les revis plus :
le paysage avait changé, des bois avaient remplacé
les rizières. Je considérai les arbres voisins; je

crus reconnaître des productions de l'Asie et des
Indes orientales. Je voulus m'approcher d'un de
ces arbres; — une jambe en avant, et tout avait
encore changé. Alors je me mis à marcher à pas
comptés, comme une recrue que l'on exerce, regardant avec admiration autour de moi. De fer-
tiles plaines, de brûlants déserts de sable, des sa-
vanes, des forêts, des montagnes couvertes de
neige, se déroulaient successivement et rapidement à mes regards étonnés. Je n'en pouvais plus
douter, j'avais à mes pieds des bottes de sept
lieues.

X.

U n vif et profond sentiment de piété me fit
tomber à genoux, et des larmes de reconnaissance coulèrent de mes yeux. Un avenir nouveau
se révélait à moi. J'allais, dans le sein de la nature que j'avais toujours chérie, me dédommager
de la société des hommes, dont j'étais exclu par
ma faute; toute la terre s'ouvrait devant mes
yeux comme un jardin; l'étude allait être le mouvement et la force de ma vie, dont la science devenait le but. Je n'ai fait depuis ce jour que travailler, avec zèle et persévérance, à réaliser cette
inspiration; et le degré auquel j'ai approché de
l'idéal a constamment été la mesure de ma propre satisfaction.

Je me levai aussitôt pour prendre d'un premier
regard possession du vaste champ où je me pré-
parais à moissonner. Je me trouvais sur le haut
plateau de l'Asie, et le soleil, qui peu d'heures

auparavant s'était levé pour moi, s'inclinait vers son couchant. Je devançai sa course en traversant l'Asie d'orient en occident; j'entrai en Afrique par l'isthme de Suez, et je parcourus en différents sens ce continent, dont chaque partie excitait ma curiosité. Passant en revue les antiques monuments de l'Égypte, j'aperçus près de Thèbes aux cent portes les grottes du désert qu'habitèrent autrefois de pieux solitaires, et je me dis aussitôt : « Ici sera ma demeure. » Je choisis pour ma future habitation l'une des plus retirées, qui était à la fois spacieuse, commode et inaccessible aux chacals, et je poursuivis ma course. J'entrai en Europe par les colonnes d'Hercule, et, après en avoir regardé les diverses provinces, je passai du nord de l'Asie sur les glaces polaires, et gagnai le Groënland et l'Amérique. Je parcourus les deux parties du nouveau monde, et l'hiver qui régnait dans le sud me fit promptement retourner du cap Horn vers les tropiques.

Je m'arrêtai jusqu'à ce que le jour se levât sur l'orient de l'Asie, et repris ma course après quelque repos. Je suivis du sud au nord des deux Amériques la haute chaîne de montagnes qui en forme l'arête. Je marchais avec précaution, d'un sommet à un autre, sur des glaces éternelles et au milieu des feux que vomissaient les volcans; souvent j'avais peine à respirer. Je cherchai le détroit de Behring et repassai en Asie. J'en suivis la côte orientale dans toutes ses sinuosités, examinant avec attention quelles seraient celles des îles voisines qui pourraient m'être accessibles.

De la presqu'île de Malacca mes bottes me portèrent sur les îles jusqu'à celle de Lamboc. Je m'efforçai, non sans m'exposer à de grands dangers, de me frayer, au travers des roches et des

écueils dont ces mers sont remplies, une route
vers Bornéo, et puis vers la Nouvelle-Hollande :
il fallut y renoncer. Je m'assis enfin sur le promontoire le plus avancé de l'île que j'avais pu atteindre, et, tournant mes regards vers cette partie du monde qui m'était interdite, je me mis à
pleurer, comme devant la grille d'un cachot, d'a-
voir sitôt rencontré les bornes qui m'étaient
prescrites. En effet, la portion de la terre la plus
nécessaire à l'intelligence de l'ensemble m'était
fermée, et je voyais dès l'abord le fruit de mes
travaux réduit à de simples fragments. O mon
cher Adelbert, qu'est-ce donc que toute l'activité
des hommes?

Souvent, au fort de l'hiver austral, m'élançant
du cap Horn, bravant le froid, la mer et les tem-
pêtes, je me suis risqué, avec une audace téméraire, sur des glaces flottantes, et j'ai cherché à
m'ouvrir par le glacier polaire un passage vers la
Nouvelle-Hollande, même sans m'inquiéter du retour, et dût ce pays affreux se refermer sur moi
comme mon tombeau. Mais en vain : mes yeux n'ont
point encore vu la Nouvelle-Hollande. Après ces
tentatives infructueuses, je revenais toujours au
promontoire de Lamboc, où, m'asseyant la face
tournée vers le levant ou le midi, je pleurais mon
impuissance.

Enfin, je m'arrachai de ce lieu, et, le cœur
plein de tristesse, je rentrai dans l'intérieur de
l'Asie. J'en parcourus les parties que je n'avais
pas encore visitées, et je m'avançai vers l'occident
en devançant l'aurore. J'étais avant le jour dans la
Thébaïde, à la grotte que j'avais marquée la veille
pour mon habitation.

Dès que j'eus pris quelque repos, et que le
jour éclaira l'Europe, je songeai à me procurer

tout ce qui m'était nécessaire. D'abord il fallut
songer au moyen d'enrayer ma chaussure vaga-
bonde ; car j'avais éprouvé combien il était incommode d'être obligé de l'ôter chaque fois que je
voulais raccourcir le pas, ou examiner à loisir
quelque objet voisin. Des pantoufles que je mettais par-dessus mes bottes produisirent exactement l'effet que je m'en étais promis, et je m'ac-
coutumai plus tard à en avoir toujours deux paires
sur moi, parce qu'il m'arrivait souvent d'en jeter
une, sans avoir le temps de la ramasser, quand
des lions, des hommes ou des ours m'interrom-
paient dans mes travaux, et me forçaient à fuir.
Ma montre, qui était excellente, pouvait, dans
mes courses rapides, me servir de chronomètre.
J'avais encore besoin d'un sextant, de quelques
instruments de physique et de quelques livres.

Je fis pour acquérir tout cela quelques courses
dangereuses à Paris et à Londres. Un ciel couvert
me favorisa. Quand le reste de mon or fut épuisé,
j'apportai en payement des dents d'éléphants, que
j allai chercher dans les déserts de l'Afrique, choi-
sissant celles dont le poids n'excédait pas mes
forces. Je fus bientôt pourvu de tout ce qu'il me
fallait, et je commençai mon nouveau genre de
vie.

Je parcourais incessamment la terre en mesu-
ﾉant les hauteurs, en interrogeant les sources, en
étudiant l'atmosphère. Tantôt j'observais des ani-
maux, tantôt je recueillais des plantes ou des
échantillons de roches. Je courais des tropiques
aux pôles, d'un continent à l'autre, répétant ou
variant mes expériences, rapprochant les productions des régions les plus éloignées, et jamais ne
me lassant de comparer. Les œufs des autruches
de l'Afrique et ceux des oiseaux de mer des côtes

du nord formaient, avec les fruits des tropiques, ma nourriture accoutumée. — La nicotiane adoucissait mon sort, et l'amour de mon fidèle barbet remplaçait pour moi les doux liens auxquels je ne pouvais plus prétendre. Quand, chargé de nouveaux trésors, je revenais vers ma demeure, ses bonds joyeux et ses caresses me faisaient encore doucement sentir que je n'étais pas seul dans le monde.

Il fallait l'aventure que je vais raconter pour me rejeter parmi les hommes.

XI.

Un jour que, sur les côtes de Norwége, mes pantoufles à mes pieds, je recueillais des lichens et des algues, je rencontrai au détour d'une falaise un ours blanc, qui se mit en devoir de m'attaquer. Je voulus pour l'éviter jeter mes pantoufles et passer sur une île éloignée, qu'une pointe de rocher à fleur d'eau s'élevant dans l'intervalle me donnait la facilité d'atteindre. Je plaçai bien le pied droit sur ce rescif, mais je me précipitai de l'autre côté dans la mer, parce que ma pantoufle gauche était, par mégarde, restée à mon pied.

Le froid excessif de l'eau me saisit, et j'eus peine à me sauver du danger imminent que je courais. Dès que j'eus gagné terre, je courus au plus vite vers les déserts de la Libye, pour m'y sécher au soleil. Mais ses rayons brûlants, aux-

quels je m'étais inconsidérément exposé, m'in-
commodèrent en me donnant à plomb sur la tête.
Je me rejetai d'un pas mal assuré vers le nord ;
puis, cherchant par un exercice violent à me procurer quelque soulagement, je me mis à courir
de toutes mes forces d'orient en occident, et d'occident en orient. Je passais incessamment du jour
à la nuit et de la nuit au jour, et chancelais du
nord au sud et du sud au nord, à travers tous les
climats divers.

Je ne sais combien de temps je roulai ainsi d'un
côté du monde à l'autre. Une fièvre ardente em-
brasait mon sang. Je sentais, avec la plus extrême
anxiété, mes forces et ma raison m'abandonner.
Le malheur voulut encore que dans cette course
désordonnée je marchasse sur le pied de quelqu'un,
à qui sans doute je fis mal. Je me sentis frapper,
je tombai à terre, et je perdis connaissance.

J'étais, lorsque je revins à moi, mollement
couché dans un bon lit, qui se trouvait au milieu
de plusieurs autres, dans une salle vaste et d'une
extrême propreté. Une personne était à mon chevet ; d'autres se promenaient dans la salle, allant
d'un lit à l'autre. Elles vinrent au mien et s'en-
tretinrent de moi. Elles ne me nommaient que
numéro douze, et cependant sur une table de
marbre noir, fixée au mur en face de moi, était
écrit bien distinctement mon nom :

PIERRE SCHLÉMIHL

en grosses lettres d'or. Je ne me trompais pas, ce
n'était pas une illusion, j'en comptais toutes les
lettres. Au-dessous de mon nom étaient encore
deux lignes d'écriture, mais les caractères en

étaient plus fins, et j'étais encore trop faible pour les assembler. Je refermai les yeux.

J'entendis prononcer distinctement et à haute voix un discours dans lequel il était question de Pierre Schlémihl, mais je n'en pouvais pas encore saisir le sens. Je vis un homme d'une figure affable et une très-belle femme vêtue de noir s'approcher de mon lit. Leurs physionomies ne m'étaient point étrangères; cependant, je ne pouvais pas encore les reconnaître.

Je repris des forces peu à peu; je m'appelais numéro douze, et numéro douze passait pour un juif à cause de sa longue barbe, mais n'en était pas pour cela traité avec moins de soin; on paraissait ignorer qu'il eût perdu son ombre. On conservait, me dit-on, mes bottes avec le reste des effets trouvés sur moi à mon entrée dans la maison, pour m'être scrupuleusement restitués à ma sortie. Cette maison où l'on me soignait dans ma maladie s'appelait *Schlemilhlium.* Ce que j'entendais réciter tous les jours était une exhortation à prier Dieu pour Pierre Schlémihl, fondateur et bienfaiteur de l'établissement. L'homme affable que j'avais vu près de mon lit était Bendel; la dame en deuil était Mina.

Je me rétablis dans le Schlemihlium sans être reconnu, et je reçus différentes informations. J'étais dans la ville natale de Bendel, où, du reste de cet or, jadis maudit, il avait fondé sous mon nom cet hospice, dans lequel un grand nombre d'infortunés me bénissaient chaque jour. Il surveillait lui-même ce charitable établissement. Pour Mina, elle était veuve; un malheureux procès criminel avait coûté la vie à M. Rascal et absorbé en même temps la plus grande partie de sa dot. Ses parents n'étaient plus, et elle vivait dans ce pays retirée du monde, et pratiquant les œuvres de miséricorde et de charité.

Elle s'entretenait un jour avec M. Bendel près du n° 12 : « Pourquoi donc, Madame, lui dit-il, venez-vous si souvent vous exposer à l'air dangereux qui règne ici ? Votre sort est-il donc si amer que vous cherchiez la mort? — Non, mon respectable ami. Rendue à moi-même, depuis que mes songes se sont dissipés, je suis satisfaite, et ne souhaite ni ne crains plus la mort. Je contemple avec une égale sérénité le passé et l'avenir ; et ne goûtez-vous pas vous-même une secrète félicité à servir aussi pieusement que vous le faites votre ancien maître et votre ami ? — Oui, Madame, grâce à Dieu. Quelle a été notre destinée ! nous avons inconsidérément, et sans y réfléchir, épuisé toutes les joies et toutes les douleurs de la vie ; la coupe est vide aujourd'hui. Il semblerait que le seul fruit que nous ayons recueilli de l'existence fût la prudence qu'il nous eût été utile d'avoir pour en fournir la carrière, et l'on serait tenté d'attendre qu'après cette instructive répétition la scène véritable se rouvrît devant nous. Cependant une tout autre scène nous appelle, et nous ne regrettons pas les illusions qui nous ont trompés, dont nous avons joui, et dont le souvenir nous est encore cher. J'ose espérer que, comme nous, notre vieil ami est aujourd'hui plus heureux qu'il ne l'était alors. — Je trouve en moi la même confiance, » répondit la belle veuve. Et tous deux passèrent devant mon lit et s'éloignèrent.

Cet entretien m'avait profondément affecté, et je balançais en moi-même si je me ferais connaître ou si je partirais inconnu. Enfin je me décidai ; je me fis donner du papier et un crayon, et je traçai ces mots :

« Votre vieil ami est, ainsi que vous, plus heureux aujourd'hui qu'il ne l'était alors; et s'il expie sa faute, c'est après s'être réconcilié. »

Puis je demandai, me trouvant assez fort, à me lever. On me donna la clef d'une petite armoire qui était au chevet de mon lit : j'y retrouvai tout ce qui m'appartenait. Je m'habillai : je suspendis par-dessus ma kourtke noire ma boîte à botaniser, dans laquelle je retrouvai, avec plaisir, les lichens que j'avais recueillis sur les côtes de Norwége le jour de mon acccident. Je mis mes bottes, plaçai sur mon lit le billet que j'avais préparé, et, dès que les portes s'ouvrirent, j'étais loin du Schlemihlium, sur le chemin de la Thébaïde.

Comme je suivais le long des côtes de la Syrie la route que j'avais tenue la dernière fois que je m'étais éloigné de ma demeure, j'aperçus mon barbet, mon fidèle Figaro, qui venait au-devant de moi. Cet excellent animal semblait chercher, en suivant mes traces, un maître que sans doute il avait longtemps attendu en vain. Je m'arrêtai, je l'appelai, et il accourut à moi en aboyant et en me donnant mille témoignages touchants de sa joie. Je le pris dans mes bras, car assurément il ne pouvait suivre, et je le portai jusque dans ma cellule.

Je revis ce séjour avec une joie difficile à exprimer ; j'y retrouvai tout en ordre, et je repris, petit à petit, et à mesure que je recouvrai mes forces, mes occupations accoutumées et mon ancien genre de vie. Mais le froid des pôles ou des hivers des zones tempérées me fut longtemps insupportable.

Mon existence, mon cher Adelbert, est encore aujourd'hui la même. Mes bottes ne s'usent point, elles ne perdent rien de leur vertu, quoique la savante édition que Tickius nous a donnée *de rebus gestis Pollicilli* me l'ait d'abord fait craindre. Moi seul je m'use avec l'âge ; mais j'ai du moins la consolation d'employer ces forces que je sens décliner à poursuivre avec persévérance le but que je me suis proposé. Tant que mes bottes m'ont porté, j'ai étudié notre globe, sa forme, sa température, ses montagnes, les variations de son atmosphère, sa force magnétique, les genres et les espèces des êtres organisés qui l'habitent. J'ai déposé les faits avec ordre et clarté dans plusieurs ouvrages, et j'ai noté en passant, sur quelques feuilles volantes, les résultats auxquels ils m'ont conduit, et les conjectures qui se sont offertes à mon imagination. Je prendrai soin qu'avant ma mort mes manuscrits soient remis à l'université de Berlin.

Enfin, mon cher Adelbert, c'est toi que j'ai choisi pour dépositaire de ma merveilleuse histoire, dans laquelle, lorsque j'aurai disparu de dessus la terre, plusieurs de ses habitants pourront trouver encore d'utiles leçons. Quant à toi, mon ami, si tu veux vivre parmi les hommes, apprends à révérer, d'abord l'ombre, ensuite l'argent. Mais si tu ne veux vivre que pour toi et ne satisfaire qu'à la noblesse de ton être, tu n'as besoin d'aucun conseil.

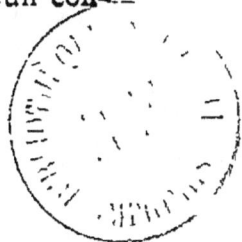

FIN.

TABLE DES MATIÈRES.

*Œuvres authentiques élucidées par des préfaces,
notices, notes, variantes, tables analytiques,
glossaires-index.*

Volumes elzéviriens in-16 (petit in-8)

EN VENTE OU A PARAITRE PROCHAINEMENT

EDITION A 1 Fr. LE VOLUME

EDITION DE LUXE

*Tirages spéciaux avec vignettes en tête de pages, culs-
de lampe, fleurons, etc., sur très beaux papiers.*

Vélin ordinaire. . . . . . . le vol. broché.   2 fr.
Vélin (fil) à la forme. . . . .   —   4 fr.
Chine véritable (en étui) . . .   —   15 fr.
Reliure en percal. bleu, titre or, non rogné. 50 c. le vol.
Etuis pour vélin fil, titre or. . . . . . . 60 c. le vol.

EN PRÉPARATION : plusieurs ouvrages vers et prose.

Paris. — Impr. de Ch. Noblet, 13, rue Cujas.

www.ingramcontent.com/pod-product-compliance
Lightning Source LLC
Chambersburg PA
CBHW070605100426
42744CB00006B/407